汉字与文物的故事

回到石器时代

许进雄 著

化学工业出版社
·北京·

原繁体版书名：漢字與文物的故事——回到石器時代
作者：許進雄
ISBN：978-957-05-3147-3

北京市版权局著作权合同登记号：01-2019-5593

图书在版编目(CIP)数据

汉字与文物的故事. 回到石器时代 / 许进雄著.— 北京：化学工业出版社，2020.1
ISBN 978-7-122-35389-4

Ⅰ. ①汉… Ⅱ. ①许… Ⅲ. ①汉字-通俗读物②文物-中国-石器时代-通俗读物 Ⅳ. ①H12-49②K87-49

中国版本图书馆CIP数据核字（2019）第225392号

责任编辑：郑叶琳　张焕强　　书籍设计：尹琳琳
责任校对：宋　玮　　版权经理：金美英

出版发行：化学工业出版社
（北京市东城区青年湖南街13号　邮政编码100011）
印　　装：北京凯德印刷有限责任公司
710mm×1000mm　1/16　印张14 1/4　字数148千字
2020年2月北京第1版第1次印刷

购书咨询：010-64518888
售后服务：010-64518899
网　　址：http://www.cip.com.cn
凡购买本书，如有缺损质量问题，本社销售中心负责调换。

定　　价：68.00元

中华文物的初学津梁

在同侪之中，许进雄的学术成就是我最佩服的。他的甲骨研究和著作，于安阳殷墟博物馆甲骨展览厅被评为世界对甲骨学最有贡献的二十五名学者之一；他的《中国古代社会：文字与人类学的透视》，从文字与人类学加以透视，堪称别开生面的经典名著。因为他有机缘在加拿大皇家安大略博物馆和多伦多大学沉潜三十年，博览群籍，摩挲文物，从而厚积学识、广开眼界，以不惑之年，即蜚声国际。

进雄的性情，也被同侪评为天下最老实的人。他虽然爱说笑话，博君一粲；但襟抱磊落、表里如一，言必有信。他放弃加拿大高薪稳定的工作，“回母系贡献”，也因此创下台大中文系新聘教员“全数通过”的纪录。他在台大，用心用力地培养甲骨学新秀，希望这一门“望重士林”的学问，能够在中文系薪火相传。在他心目中，也果然已有传人，可惜始终未能扎根母校。如果说进雄返回台湾多年，有什么遗憾的话，应当只有这件事。

有天世新大学牟宗灿校长向洪国梁主任跟我征询能使世新中文系加强阵容和向上提升的人才，牟校长当即同意礼聘进雄。我很高兴数十年莫逆之交的弟兄，又能一起为世新尽心尽力。而青山绿水、清风明月，杯酒欢笑，亦复能洋溢于白发萧疏之中。

进雄将由台湾商务印书馆出版的一套四册《汉字与文物的故事》（这是他在台大和世新的授课讲义），以文物作为单元，逐篇撰就，篇篇深入浅出，可以看出进雄学养的扎实，而机趣亦自然流露其间。我认为此书不只可作为喜爱中华文物的初学津梁，其精要的见解同样可供学者参考。

能出一本书是读书做学问的人的一大愉悦，在为进雄感到高兴之余，也写出我对他治学为人的一些认知。因为就读者而言，“读其书，不知其为人可乎！”

曾永义

因缘际会说甲骨

繁体版自序

一九六〇年我进到台湾大学中文系，因缘际会开始研读甲骨学，到了研究所毕业的时候，我的甲骨学知识已能自行研究，独当一面了。一九六八年，承蒙历史语言研究所的李济博士与业师屈万里教授共同推荐，我去加拿大安大略省多伦多市的皇家安大略博物馆，整理明义士博士收藏的大批甲骨文字。我从未想到会因此因缘而深涉中国古文物及中国考古学的知识。

皇家安大略博物馆原来是多伦多大学附属的机构，兼有教学与展示的功能，一九六八年因扩充编制而脱离大学成为独立的省属机构。馆藏的文物包括人类所有地区的文明以及科学各领域的信息，其中以远东部的中国文物最为有名，号称是中国地区以外最丰富的十大收藏之一，很多藏品独一无二，连中国都难得见到。

我所受的专业训练是有关中国学问的，既然身在以收藏中国文物著称的单位服务，自然会变成同事们咨询的重要对象。为了因应工作的需要，我只得扩充自己求知的领域，除了加强对中国思想、文学、语言等学科原有的训练外，也自修考古、艺术、民俗、天文、产业等各方面的知识，以应付博物馆的多样化展览主题，因此也就不自主地开始深入了解中国文物的必要知识。

在多伦多，我本有博物馆与多伦多大学的稳定工作。但受到学长曾永义教授“回母系贡献”的一再敦促，一九九六年应台湾大学中文系之聘，返回台湾来讲授中国古代社会学、甲骨学、文字学等课程，当时尚未有开设相关中国文物课程的构想。在一次餐会中，认识了世新大学通识课程的主任赵庆河教授，他谈及想增加中国文物知识的普及化教学课程。我告以自己曾经在博物馆工作，具有二十几年参与中国文物的收藏与展览的经验，在加拿大的洋人社会里也长期从事推广中国文化的活动。他就问我是否可以考虑去世新大学开一门有关中国文物的通识课程，我答以何乐而不为。当时以为只是客套的交谈，并未做教学的进一步打算。谁知开学前不久，突然接到电话，说通识课程已经排定了，请我准备上课。在匆促之间，就决定以我与同事们为介绍馆藏重要文物所编写的书，《礼敬天地——皇家安大略博物馆的中国宝藏》（*Homage to Heaven，Homage to Earth - Chinese Treasures of the Royal Ontario Museum*，多伦多大学出版部，一九九二年）作为讲课的主要教材，辅以介绍其他机构的典藏品。如此一边教学一边编写教材，一年之后，初步的教材就绪，我也就把中国文物概说的课带到故乡的大学去。

皇家安大略博物馆的展示以主题为主，每个展览的筹划都像写一篇论文。不但展示的整体内容有起承转合的结构，个别文物的说明，除必要的名称、功能、材质、年代、制造、装饰等信息外，还特别重视文物背后所隐含的生活与社会意义，希望观众于参观后，能对展示的主题有明确的认识，而不是只浏览展品美丽的外观而已。在长期受这种以教育观众为展览目标的主导原则的影响下，我对于文物的认识常着重其制造时的社会背景，所以讲课时，也经常借重我所专长的中国文字学、中国古代社会学，做综合性的诠释与引申。譬如，在介绍红山文化的玉猪龙时，就借甲骨文的“肙”字谈佩戴玉佩以驱避蚊子的可能性；介绍大汶口的象牙梳子时，就借用甲骨文的“姬”字谈发饰与贵族身份的关系；教到东周的莲瓣盖青铜酒壶时，就谈盖子的滤酒特殊设计；介绍唐代的彩绘釉陶妇女骑俑，就谈妇女生活解放与自主性的问题；对半坡文化的小口尖底红陶瓶，就谈中外以陶器运输水酒的惯习；对唐代墓葬的伏羲与女娲绢画，就谈中国的鹿皮与结婚礼俗，以及中国古代台湾地区居民与汉族的关系。借金代观世音菩萨彩绘木雕介绍观音菩萨的传说与信仰；借宋代太和铭双龙纽镈钟谈宋代慕古风气与金人洗劫汴京的史实；利用刻纹木陶拍介绍陶器烧造的科学知识；等等。

大部分同学对这种涉及多门学科、整合式的新鲜教学法感兴趣。

有位在某出版社就职的同学找我谈，说他们的总编辑对我讲课的内容也有兴趣，有意请我将讲课的内容写出来出版。在与总编辑面谈后，初步决定撰写一百四十篇，每篇约一千一百字，以一件文物为中心，选取新石器时代至清代各种不同类型的文物，依教课的模式与精神，谈论各种相关的问题。至于书名，因博物馆的展览经常提供导览服务，导览员会对较重要的展品做详细的解说，并申论个人的意见，这与本书撰写的性质和目的非常类似，所以就把书名定为《中华古文物导览》。每篇文章都是独立的单元，读者可以随意浏览，不必从头读起。

面谈后我就兴致勃勃地开始选件与写作，谁知到了任务快完成时，因版权费的原因，我不签合约，写作的兴致也就此打消，于写完一百三十一篇后就辍笔不写了。之后曾把部分文章改写为六百字的专栏刊在《国语日报》上，但登了四十几期亦终止了。后来有家出版社的社长向我征求甲骨学方面的稿件，我一时没有甲骨学的著作，就想何不补足《中华古文物导览》的稿件交给该社出版。承该社长不弃，付梓问世了。

《中华古文物导览》出版后，我接到大陆朗朗书房的电话，说这本书的写作方式非常新颖，打算介绍给大陆的读者，问能不能授权给他们简体字版的版权。我就请他跟出版社直接洽谈。于取得简体字的版权后，他们央求我多写十篇。我也答应写了。出版时改名为《文物小讲》。

《中华古文物导览》出版后，我发现市面上不太容易找到这本书，但《文物小讲》销售却不错，再度签了五年的合约。显然并不是内容有问题卖不出去，而是销售的方法不合适。于是我找台湾商务印书馆谈，把《中华古文物导览》这本书的版权买下来，而我大幅扩增内容，预定完成全新的版本共四册，并把教课的讲义做适度的删改，使其适合大众阅读。很高兴洽谈成功，把版权移转到台湾商务印书馆。现在出版在即，把原委稍为说明如上。最后还希望学界先进，赐教是幸！

许进雄

二〇一八年五月九日于新北市新店区

简体版自序

在受聘到加拿大多伦多市的皇家安大略博物馆工作以前，我不曾梦想自己会参与中国文物的研究工作，但命运之神却一步步地把我引领到中国文物的领域里。故事的起源应该推到我高中三年级的时候。从小学开始，我没有真正努力读书做功课过，整天只是嬉戏游玩，成绩都是平平常常的。到了高三的时候，我对于能否考上理想的大学没有把握。我自己决定办理休学，在家自学，打算考不上理想的学校时，还可以复学回到学校再度准备报考。人算不如天算，谁知这年修改章程，学生不能以同等学力报考。我只好赋闲在家，无所事事。

有一天去逛书店，看到一本厚厚的王念孙注释的《广雅疏证》。不知什么念头，我翻开书页，看到有“古、昔、先、创、方、作、造、朔、萌、芽、本、根、蘖、鼃、莑、昌、孟、鼻、业，始也”。我好奇，为何这么多不同的字，却有同样的意义？有些字的用法我是晓得的，可是有些就不明白了。我就把这本书买了回去，想仔细看看这到底是怎么一回事。读后明白，这些字的本义虽不尽相同，但使用在不同的句子的时候，却可以有类似的意义。我有兴趣读这本书，连带也开始用心攻读其他的功课。我进一步阅读了王引之的《经传释词》《经义述闻》，俞樾的《古书疑义举例》等著作，甚至去找出引用的原典来阅读。当时我觉得中国文字很奇妙，从此一心一意要报考中文系，探寻中国文字的深意。

复学后我如愿考上了台湾大学的中国文学系。我了解到，要学好文字学，二年级的文字学与三年级的声韵学是必要的基础。于是我就去旁听这两门课，同时也积极向不同的老师请益。教古文字学的金祥恒老师是我时常请益的。那一年文学院的古文字研究室创刊了《中国文字》，里头就有一篇金老师写的文章《释虎》，介绍虎字的甲骨文字形就是描画一只老虎的形象，后来经过各种的演变，逐渐成为现在的虎字以及隶书、草书等各种形态。

[“虎”字甲骨文字形]

[“虎”字金文字形]

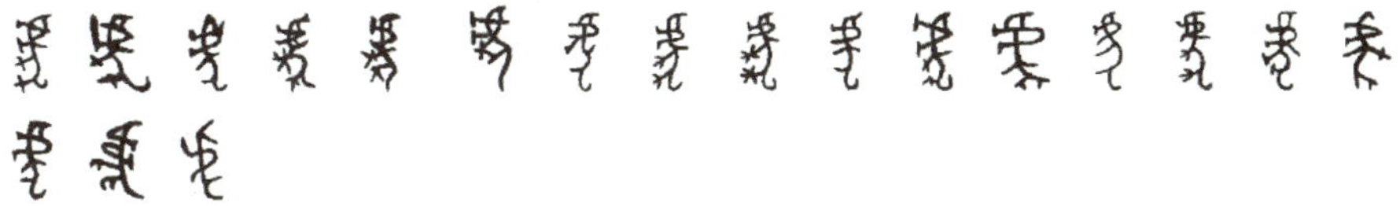

我读了之后很受启发。了解到，若要对中国文字的创意有正确的解答，以目前资料保存的状况来看，应该从最早的商代甲骨文下手。从此我开始用心地阅读有关甲骨学的文章。

到了第二学年正式学习文字学，这年改由李孝定老师来教。李老师当时正在编写《甲骨文字集释》，这本书的撰写体例是把各家对于某一个甲骨文字形的解释汇集在一起，然后以个人的意见作为总结。李老师了解我对甲骨学有些认识，让我到他在历史语言研究所的研究室阅读他的原稿，同时校对引文有没有笔误或遗漏。这就等同让我阅读了当时所有的甲骨著作。到了下学期即将结束的时候，李老师告诉我，有个美国的机构在台湾设立一个中国东亚学术研究基金，提供必要且非常优渥的奖助学金，以期提高学生们对于某些冷门学科从事研读的意愿。其中有一个名额是颁给研究甲骨学的学者，但这个奖助是需要写研究论文的。他和戴君仁老师共同推荐我。我就依老师的指示，提出研究题目“商代祭祀卜辞的研究”去申请。

得知获得奖助后，我就开始收集材料，真正着手从事研究的工作了。每有所得，我会就近把一些看法拿来向金老师请教。金老师也鼓励我把比较有心得的部分先挑选出来，写成小文章在《中国文字》上发表。

研究期间我最大收获是对于“周祭”（初称五种祭祀）的研究。董作宾和日本甲骨学家岛邦男两位前辈教授是我之前对于周祭研究最著名的两人。我重新探索，而且找到证据，修正了两位前辈所推论的周祭的祭祀名单和祀首（开始的祭祀组）。五种祭祀是以翌、祭、载、劦、肜等五个祭祀，持续不断地向商王的祖先举行，一个周期约为一太阳年。但有必要探求何者为先，董作宾先生认为祭祀时先鼓乐的肜，然后跳舞的翌，最后以吃饭的祭、载、劦结束，所以次序是肜、翌、祭、载、劦。岛邦男先生认为先大规模的举行，祭的祀组包括载与劦，规模最盛，所以次序应该是祭、载、劦、肜、翌。这两种说法都是主观的认定，没有支持的证据。我就发现有两条卜辞，其序列都是翌、劦、肜。而且翌组与祭组、祭组与肜组都是相连的，但肜组与翌组之间却有一个空旬，明显表现一个祀组与下一个祀组之间的中断。所以五种祭祀举行的次序应该是翌、祭、载、劦、肜。此文发表以后，大概就被认定为正确，不再有异议了。后来在屈万里教授的指导下，我扩充成为我的硕士论文《殷卜辞中五种祭祀的研究》。因为我从大学三年级就开始探讨这个问题了，所以修业二年就从硕士班毕业了。

那时正好加拿大的多伦多大学东亚学系写信给研究院，请求推荐一个人去整理学校所收藏的明义士博士购藏的甲骨。屈老师大概认为我已经具备独立从事研究的能力了，就与研究院的李济教授合力推荐我去加拿大整理那批材料。

在博物馆工作，我有一个重要的发现，可以利用甲骨上的钻凿形态去判断甲骨刻辞的时代。早先董作宾先生发表了《甲骨文断代研究例》，从刻辞的内容归纳出甲骨断代的十个标准，很得学者的赞同。但是其中某一类的甲骨，学者对于其年代却有两种不同的意见，相持不下。我的钻凿断代方法提供一个不同的切入点，有利于解决争论。

殷墟出土的甲骨，为了让占卜烧灼后的兆纹能够容易显现，就在背面挖刻凹洞，学术界称之为钻凿。一般学者没有看过真正的甲骨，看过的学者也没有长时间的接触，所以都没有发现不同时期的甲骨其上的钻凿形状有不同的形态，自然也不会想到甲骨上的钻凿形态和时代之间可能有一定的联系。

在拓印完甲骨之后，我会对甲骨进行清理，这个过程中一定会看到甲骨背面的形象。在清理了一段时间以后，我慢慢感觉到不同时期的甲骨上的钻凿形态有不一样的习惯，就转而特意地观察，并且到美国、英国、日本、中国台湾等收藏丰富的单位去收集资料。确定钻凿形态对于甲骨的断代确实具有启发性，并完成我在多伦多大学东亚系的博士论文。从种种现象，我得出第四期与所谓的王族卜骨应该是同时代的结论，即肯定了董作宾先生的论点。后来大陆在安阳的小屯南地以及小屯村中与村南所作的地层发掘，都证实我的研究结论。因此有些学者也开始撰文议论以前的错误归属。之前，研究院的张光直先生就指称这种以钻凿形态断代的方法是甲骨断代的第十一个标准。

自我写作的《中华古文物导览》出版后（简体版名为《文物小讲》)，台湾商务印书馆接洽我出版比较完整的教学版本。我同意把自己的版权买回来让台湾商务印书馆重新编排与出版。我上课的材料有比较多参考的信息，我就做一些参考内容上的删减，计划以汉朝作为分水岭，分为两册出版。但是台湾商务印书馆编辑部建议以主要朝代的器物大致区分为：石器时代、春秋战国、汉唐、宋元明清，共四册，并以甲骨汉字为主轴，如此对读者比较容易入门，除了习得古物知识，更能了解甲骨汉字的来源和故事。虽然跟我原先的规划与分章的原则不同，但对一般读者来说会更具有阅读节奏。在这套书出版不久，我非常高兴被告知大陆的化学工业出版社悦读名品出版公司有意愿出版这套书的简体字版。

青色岫岩玉猪龙，高7.9厘米，红山文化类型，5500~4200年前

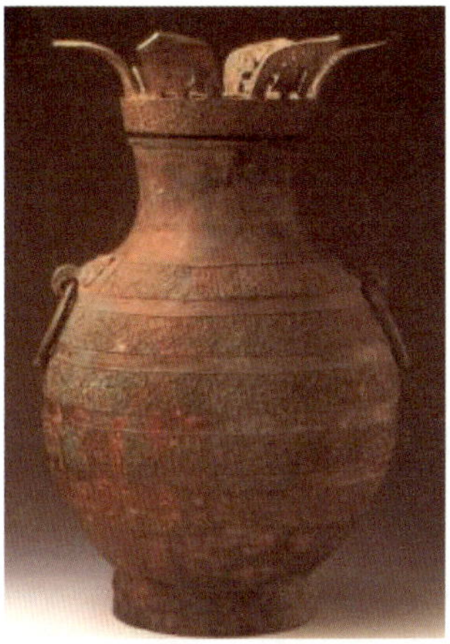

蟠螭纹莲瓣盖双环耳青铜酒壶，高47.4厘米，加拿大皇家安大略博物馆藏。东周，公元前5世纪

本书和大多数介绍中国文物的著作有很大的不同，一般的介绍偏重于出土或收藏的信息，如尺寸的大小、质料、名称、出土地、现藏何处，以及有无铭文等比较基本的信息。我因为每件重点介绍的文物要写上一千四百字左右，必然要加上一些自己延伸的观点。甲骨学是我的专业，所以往往也从甲骨文的视角来讨论。譬如说，所谓的红山文化的猪龙玉雕，我就举甲骨文的“龙”字（龙），尾巴必定与嘴巴反向，而玉猪龙的尾巴与嘴巴几乎衔接，不可能是龙的形象。反而与甲骨文的“肙”字形（肙）相似，而且玉猪龙悬挂起来的形象与蚊子幼虫浮挂在水面的形象一致。肙字在甲骨刻辞的意义是病疾的捐除，所以建议玉猪龙是以幼蚊的形象悬挂在胸前，可能具有驱蚊虫的魔术意味。

又从部门所藏的春秋时代的莲花瓣透空盖酒壶，以及甲骨文的“茜”字，领悟到都是滤酒的器具。作用是卡住香茅，使酒渣不会从孔隙掉进酒壶里。

这件铜壶不但有六片向外伸出的透雕的莲瓣，而且盖子的顶部是透空的。盖子是为了防止酒的醇味走失而设计，如果是透空的，就失

饕餮纹平底青铜爵，高17.6厘米，商早期，公元前1600~前1400年

去其制作的意义了。中国的酒是用谷物酿造的，含有渣滓，把渣过滤掉才是比较高级的清酒。祭祀要用清酒，甚至是带香味的，才够表达主事者的虔敬心情。甲骨文的“莤”字（）作两手拿着一束草茅在一个酒壶之旁，充分说明使用香茅滤酒的创意。滤酒时先把草放在酒壶上然后倒上酒，酒就从草间的孔隙滴入壶中，不但把渣滓滤下来，还可沾染香草的味道。如果没有东西把草卡住，草就可能移动而有空隙，使得渣滓掉进壶中导致影响酒的质量，所以伸出的莲瓣是为了要把香草卡住而设计的，这就是为什么壶盖要透空以及有多个莲瓣的道理。商代没有这种形式的酒壶，但有滤酒的必要。到底使用什么器物去过滤酒呢？口沿有两个支柱的爵与斝，如果想用手提上来，就会倾斜而倒出里头的液体。大家都猜不透支柱的用途，我怀疑其作用就像这件酒壶的莲瓣，目的就在卡住滤酒的茅草。

“酒”字的甲骨文（），创意来自一个窄身尖底的酒瓶。但是商代并不见这样的酒瓶，比较欧洲运往北非的酒瓶，和六千年前仰韶文化或五千多年前庙底沟的小口窄身尖底的红陶瓶绝似，知道那是因应长途运输的需要。所以创意的重点是装在这种特殊容器的是酒，不是水。这样就对仰韶文化还

鸟纹青铜斝，高22.8厘米，约商中期，公元前15~前14世纪

没有酿酒的认知要重新思考。

小口尖底双系梳纹彩绘红陶瓶，高46.2厘米，半坡文化，6000多年前

同时我也讨论，这种尖底的陶器在庙底沟类型以后的文化遗址中不见或很少见到，可能与水井的开凿有关。在较早期的年代，水要从远地的河流汲取运送回家，所以陶器加两个圆纽以方便系绳背负。后来有了牛马家畜，可以用竖立的形式安放在牛马背部的两侧，由之背负而不必用纽系绳，一如游牧民族的辽、金时代，制造有超过半米高的细长陶罐，以方便马匹装运负载水酒。往后人们晓得挖井取水，就在住家附近开凿水井，不用从远地运水来，所以也不再需要这种造型的水器了。

以上略举几列，说明我介绍一件文物，除了基本的信息，经常从不同的角度切入观察。当然我也期盼同道不吝指正，让我有更成熟的认知。

许进雄

2019年8月

壹

农作与收获——磨石成器

目录

贰

贵族与仪式——玉不琢，不成器

叁

日常生活用具——弘济区夏，陶甄万方

肆

同场加映

磨石成器

壹　农作与收获——磨石成器

前往石器时代

为什么甲骨文的石斧被用来称呼父亲

收割农作物的石器跟『厘（禧）』字有关系吗

乐器石磬象征余庆的好兆头？

前往石器时代

远古人利用自然的材料来制造工具和武器，是他们谋生活的方式。最容易被远古人利用的材料大概就是木材和石材了。捕杀野兽，石头远比木料有用，因为石头既厚重又坚硬，可以给予野兽致命的伤害。破裂的石块由于有锐利的棱角，也是理想的切割工具；它便利于砍伐树木、剥取兽皮，是日常生活中可以利用的器具。

二三百万年前，当人类晓得利用敲打石块的方式来制作工具时，就进入了旧石器时代。之后，当人们学会“使用石头摩擦石头”制作更方便有效的工具时，就来到了新石器时代。磨制石器能使石头的形状变得更理想，成为有专门用途的器具，可以增强刃部的锐利度，减少使用时的反弹力，发挥更大的作用。“石”字的字形就表现出人类日常生活使用有棱角的锐利石块。

石头是远古时代重要的生活器具

甲骨文的“石”字：有锐利边缘的岩石一角的形状。

人们后来进步到用石器挖掘坑洞、陷阱，建筑房子和捕捉野兽，于是就加了一个坑陷的形状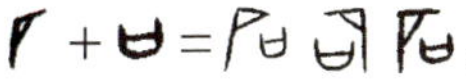，表达石器用于挖掘的新用途。后来这个坑陷的形状在小篆中讹变成圆形，被误会为“浑圆的石卵”，失去了古人重视石头原始价值的含义。

石块虽然是容易找到的材料，但是各种石头具有不同的性质。有些石头容易打造成条形的刮削器，有些则可以用来制作敲打器；有锐利棱角的石头可以制作成切割器或钻孔器，某些质料细致的石头则可以琢磨成美丽的装饰物。在使用石器的过程中，远古时代的人们渐渐开始讲求工具的效能，他们寻找适当的石材，打造合适的工具。但是不同性质的石材很难在同一个地区取得，很可能因此促成交换石材或成品的商业行为。进一步推测，讲究合宜的石材以及掌握石材的知识，也可能促进了冶金术的发明。石头是人类最早倚重的材料，也是早期交易的媒介。

小篆的“质”字：组合了两把“斤”和一枚海贝。

甲骨文的“斤”字：象形字，一把装有木柄的石锛。

甲骨文的“贝”字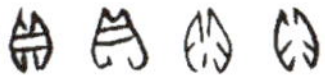：某种在中国南方海岸地区取得的海贝的腹部形状。

中国古代的贝是来自远方地区的海产，人们拿来作为装饰品，是很珍贵的东西。所以发明“质”字时的创意，指出“两把石斧，可以交换一枚海贝”。石斧和海贝都是人们经常用来以物易物的东西。石斧为日常必需品，海贝为珍贵罕见的物资。远古人类非常依赖石头这项资源，所以从旧石器时代起，就有专门的石器制造场。但石头本身有重大的缺点：一是笨重，不方便大量携带；二是打造费时，尤其是细小对象，更要加倍用心；三是细长的石器物容易被折断；四是大多石材看起来朴素无纹，不美观。所以一旦有了更理想的材料可以取代石头，除了那些价格低廉又笨重的生产工具到青铜器时代仍在使用，石头制的器物几乎被人们遗弃了。

何谓石器时代?

简而言之，石器时代就是以石头为原料制作工具的时代。大约开始于二三百万年前。各地区进度不一致。大致可分成三个时期。

一、旧石器时代

使用直接打击的方式所制造出来的石器，具有“锋刃”，或者可使用间接打击的方法，制造更精致的器具。旧石器时代的人们也会使用骨器（用骨头制作的器具）。

北京人遗址：遗址的十三层以上约在70万至20万年前，十三层以下则时代更早。房山周口店，1918年以来几次发现遗物，由加拿大人步达生（Davidson Black）命名，属于直立人。1929年，裴文中发现完整的头骨五个，但都在第二次世界大战中遗失。脑量1043毫升。出土文物为：石制品、灰烬、烧骨、砍伐器、刮削器、尖锥、石砧。死亡率高。

山顶洞人遗址：位于北京人遗址顶部山洞，距今约1.8万年，出土有石器、骨角器、多件穿孔饰物。从出土文物来看，山顶洞人已有爱美观念，且当时已有两面对钻穿孔的技术。此遗址为迄今发现的最早墓葬，人骨上还撒有赤铁矿粉末，据推测，可能是基于信仰的原因。另发现有骨针残长8.2厘米，可能是利用植物纤维来缝制衣物（在另一处4万～2万年前的辽宁海城仙人洞遗址，发现三根完整的骨针。象门齿，长7.74厘米，孔径0.16厘米；长6.9厘米，孔径0.07厘米；动物骨，长6.58厘米，孔径0.21厘米）。在该遗址中也发现了超过六十岁的老人遗骨。

二、细石器时代（中石器时代）

形状细小的打击石器，使用间接手法（用另外一件石头作为凿子打击，以做出更精致的石器）打造，存在时间不长，有些地区跳过此一阶段。

三、新石器时代

使用磨制的石器，形状比较规整，使用上也较为安全，效率更高。出土的砍伐工具有斧、锛、凿；农耕工具有铲、刀、镰、磨盘等；兵器有矛、镞、斧等；仪仗器有斧、杖、圭璋等；装饰物有珠、璜、佩、玦等。新石器时代的人已开始烧造陶器。新石器时代是开始进入农业时代的标志，大约1.2万年前在华南地区开始。后来可能因为气温急遽上升，南方地区的人分两路往华北内陆与东海岸发展农业，后来形成东西两个文化传统。

石 shí = 石

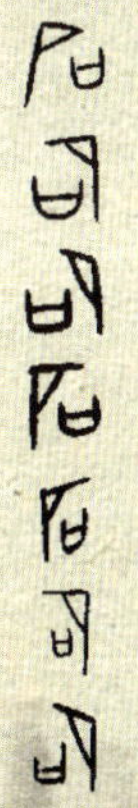

有尖锐棱角的石块，可以用来挖掘坑陷。

斤 jīn = 斤

装有木柄的石锛。

贝 bèi = 貝

产于暖水域的海贝。

为什么甲骨文的石斧被用来称呼父亲

中国大致在一万多年前就进入了新石器时代

人类的体能比不上很多野兽，但却能够成为万物之主，最重要的原因就是能利用自然的材料，制造工具和武器，猎取野兽，种植作物，适应日常生活的需要。在自然界里，最多量、最容易被人们利用的材料大概要算是木料和石头了。捕杀野兽，石头远比木料有效。破裂的石块有锐利棱角，也是理想的切割工具，它便利于砍伐树木，剥取兽皮，更增加了可以用于日常生活中的材料的种类。

有锐利棱角的石块可当致命的攻击武器。当二三百万年前的人类晓得用打裂石块的方法制作工具时，就进入了旧石器时代。甲骨文的“石”字，字形表现出人类着重于使用“有棱角的锐利石块”，描画出岩石锐利边缘的一角。后来，古人也利用石器来挖掘捕捉野兽的陷

磨制石斧
「父」亲的假借字

图1-1
磨制石斧，长14.9厘米，加拿大皇家安大略博物馆收藏。青莲岗类型，约公元前3300~前2500年

图1-2

石钺，高17厘米，宽16.7～19.3厘米，厚0.7厘米，孔径6.4厘米，良渚文化，公元前3300～前2000年，浙江海宁出土，浙江省文物考古研究所藏。青灰色泥岩，形制规整，体大而薄，穿孔两端留有条状朱砂痕，为捆缚于木柄的遗痕阱，避免直接与野兽搏斗的危险，于是就在字的旁边加了一个坑陷变成，借以表达石器用于挖掘的用途。

到了新石器时代，石器以磨制为主，就用途上而言，形状更理想，用途趋向专一，可以增强刃部的锐利度，减少使用时候的反弹力，便于发挥更大的作用。

石器的制作从矛、镖、镞等武器开始，渐渐考虑到生活的必需器

图1-3

半磨制石斧，长10.7厘米，赤峰兴隆洼出土，公元前6200～前5400年

图1-4

双孔石刀，长9.5厘米，西周，公元前11～前8世纪。穿绳而套在手上使用的收割工具

图1-5
各式磨制石斧，长8～20厘米，新石器时期至商代，公元前3000～前1000年

具，例如切割工具、刮削器，方便农耕的锄头、铲子和镰刀，最后创造出象征地位的斧钺、圭璋、璜佩等。在尚未发明青铜器以前，使用最频繁的工具是石头制的斤与斧。切割面呈现为横向的，称作“斤”；切割面呈现为直向的，称作“斧”。“斧”字原先的字形是“父”字，甲骨文字形作：一只手拿着石斧的样子 ，斧头已简化成一条直线。金文的字形就很传神，斧头是上面尖锐、下方圆弧的形状 ，这是描画出侧面的厚度，剖面达到这种厚度才能发挥效能。甲骨文与金文的

字形都表示出石斧原先没有装设木柄，直接拿在手中使用。但使用这样的石器打击时，反弹的力道容易伤到手掌，所以后来改善成装柄的石斧。“斤”字的甲骨文字形就是装了木柄的石锛形状。早先人们在使用石斧时，直接在石斧上捆绑把手（柄），后来才改进成在石斧上挖出一个小圆洞，用绳索穿过孔洞、捆绑把手，才能使石斧牢牢地固定住。如图 1-1的磨制石斧，这件整体磨制得非常均匀的石斧有经常使用的磨损痕迹，孔是从两面对钻而成，属于早期的钻孔技术；从尺寸上来看，应该是装设短柄而单手使用的石斧。

父字后来假借，用来称呼“父亲”，为了区别“石斧”的本义，就在石斧的字形（父）加上“斤”，成为“斧”字。石斧的形象被用来称呼父亲，有人认为这是含有特殊意义：石斧表示男性对于女性，或父亲对儿女的权威。其实，它可能只是表示源自新石器时代的两性职业分工。石斧是那个时代砍树、锄地的主要工具，甚至到了青铜时代早期，它仍然是男子工作时使用的主要工具。母系氏族的社会，还没有对等的婚姻关系，子不知其父，主要是由母亲担负起养育小孩的责任，掌控子女劳动所得的经济成果。当时的女性拥有财产继承权，男子地位并未特别尊贵。孩子称呼母亲的多位伴侣或兄弟为父亲，只因他们是主要的劳动成员，并不含有特别的亲近或敬畏的感情，更谈不上权威的问题。商代也还没有父亲与叔、伯、舅等分别的称呼，一律都称之为父。到了周代，更周全的人伦称呼才逐渐确立。

斧 fǔ = 父

手握着石斧的样子，表示劳动的成员。

收割农作物的石器跟“厘（禧）”字有关系吗

统合多种科学的综合考察，一万年前地球气温的年平均温度比现在低了约5摄氏度。那时候华北太过寒冷，而长江以南却很适合从事农耕，在湖南道县玉蟾岩遗址就曾发现过经科学鉴定为超过万年以前的栽培稻谷。但九千年前，全球气温急遽上升，持续了几千年，年平均温度竟然比现在高出2摄氏度，以致华南太过炎热，不再适宜居住和发展农业。于是人们往北方迁徙，定居在华北的河南、河北一带，并顺应区域的环境条件，把华南的稻作农业转化为小米耕作。

经过长期辛劳的耕作后，终于可以获得预期的收获，保障日后一段长期的生活需求，对于农业社会的人们来说，没有比丰收更快乐的

图1-6
磨盘长52.5厘米，磨棒长28.5厘米，河南舞阳贾湖出土，约公元前6000～前5500年

事了。商代的人用收获农作物的喜悦来表示生活幸福的意义。甲骨文“厘”字字形：一只手拿着木棍，正在扑打禾束，描绘出使谷粒掉落的情景；有时候，禾束是被另一只手拿着，即。恭贺新禧的“禧”字通这个“厘”字，就是取这个意思。

家家户户都有的石磨盘和石磨棒

谷类的仁实有的性质坚实，有的松散，但都有坚硬的外壳，必须先去掉外壳，才能够食用。所以一旦有了采集或收割谷物的活动，大概就会有去除外壳的工作，这个时候就需要使用某些工具或设施。华

石磨盘与石磨棒
象征收获农作物的喜悦

北地区一些最早期的遗址，公元前5900年的河南新郑裴李岗，以及稍晚的新密、巩义、舞阳，河北的武安磁山等古老遗址，都发现了类似图1-6这一套专门去除谷物外壳的磨制石磨盘和石磨棒。磨盘的形状都大同小异，是一块前后端修整为圆弧状的长板，扁而平整，有的长板的一端比另一端宽大；有的一端是平圆的形状，另一端则是尖圆形。长板下总是有两两相对的半球状突出小足。石磨棒的形状就像一根擀面棍，大致是接近磨盘的一半长度。

从发掘的数量来看，石磨盘和石磨棒应该是那时家家户户都有的用具。主要作用是把少量的谷粒放到磨盘上，双手拿磨棒在谷粒上压碾，去掉谷物的外壳，而取得其中的仁实。这种去壳方式只能完成少量的脱壳工作，很花费时间，而且谷粒也容易因为碾压而跳动，掉出石盘之外，工作起来并不是非常的理想。虽然这个时期的农业已经脱离了初期阶段，但当时人们仍然在山坡上小面积耕作，并以渔猎的收获辅助生活上的需求，尚未进入完全以农业维生的阶段。因此日常生活中，谷粒去壳的数量虽然不多，但已足够食用，石磨盘还足以应付生活需求。

然而，到了公元前四千多年西安半坡和余姚河姆渡遗址的时代，人们的生活愈来愈依赖农业的收获，每天消耗的粮食量增加，以石磨盘少量脱壳的方式已不符合经济效益，也无法便利生活，所以不得不思考改良的方法，于是脱壳工具就改为效率较高的木臼和木杵，或石臼和石杵；之前提到的长板状去壳工具就不再出现于遗址中了。

甲骨文“春”字字形  ：双手持杵，在臼中捣打谷粒，表现出一直持续在臼中进行去壳的工作。使用杵和臼来脱壳，双手可以用力使劲，加速去壳工作的进度。在现代脱壳机械尚未发明前，这已经是最有效的去壳方式了。

厘 lí ＝ 釐

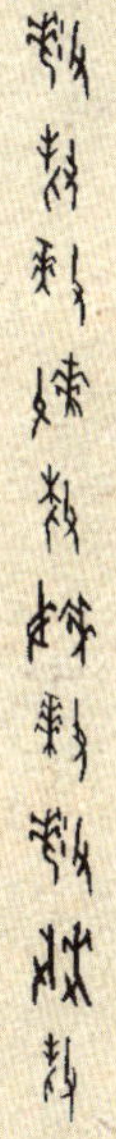

像手持棍杖扑打禾把，为有收获之喜庆。

舂 chōng ＝ 舂

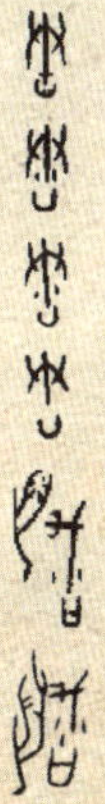

用杵去捣臼中的谷粒。

乐器石磬象征余庆的好兆头？

磬是一种扁平状石板的敲打乐器。甲骨文“磬”字字形  ：手拿着木槌，敲击悬挂着的石磬。磬的造型简易，容易制作，质材便宜，操作简单，声调又悦耳，出现的时间理论上应该甚早。但是就目前所知的考古资料，最早的实物磬不早于公元前2000年，相较于六千多年前发现，较难吹奏的骨哨和陶埙，出现的时间都要晚得很多。骨哨和陶埙大概是因为工作的需要而制作，所以发明的时间较早。至于石磬，可能是因为顺应较晚时代的特殊需求，所以制作出来的时间较晚。

石磬创造的时机在什么时候呢？磬的声波能传得很远，听起来也不烦躁，后世的寺庙里常设有磬具，用作召集人员。而先秦时代的随葬品有石制的编磬，其地位往往高于造价甚高的青铜编钟。早期制作石磬的时候，用意可能是警告敌人入侵的敲打器，由于拥有大量徒众的贵族需要石磬，所以便作为位高权重者的象征。石磬出现的时间大

图1-7
石灰岩磨制的虎纹石磬，长84厘米，河南安阳出土，中国国家博物馆藏。商晚期，公元前14～前11世纪

约在中国进入国家阶段的时代，两者之间恐怕有点关系。江淹《别赋》:“金石震而色变，骨肉悲而心死。”赋中的“石”即指“石磬”，这反映出在后代石磬仍然与军事行动有关。频繁的战争是较晚发生的事情，所以石磬的使用晚于笛、哨。公元前2000年，中国正进入国家制度化，农业高度发展，为了争夺资源而战争频繁，这个时候制作召集人员的器具，也是合情合理。《礼记·乐记》说 :“君子听磬声，则思死封疆之臣。”[1]听到石磬的声音，令人联想到镇守边境的官吏，这里的石磬同样也呈现出与军事的关联。

磬的形制，早期以无棱角的三角形或多边形比较多，形状像挖土

①《礼记·乐记》曰 :“石声磬，磬以立辨，辨以致死。君子听磬声，则思死封疆之臣。”陈澔注 : 其声音罄罄然，所以为辨别之意。死生之际，非明辨于义而刚介如石者，不能决。封疆之臣，致守于彼此之限，而能致死于患难之中。

石灰岩磨制石磬战争的预兆

图1-8

编磬，大件：鼓37.4厘米，股22.9厘米；小件：鼓19厘米，股10.8厘米。约公元前550年。石质呈灰白色，大小不一，整组为一套成组乐器，共十件。器表面光素无纹，在鼓与股之交角处即倨句，均开一个圆孔，乃悬挂于架上时穿过绳索使用

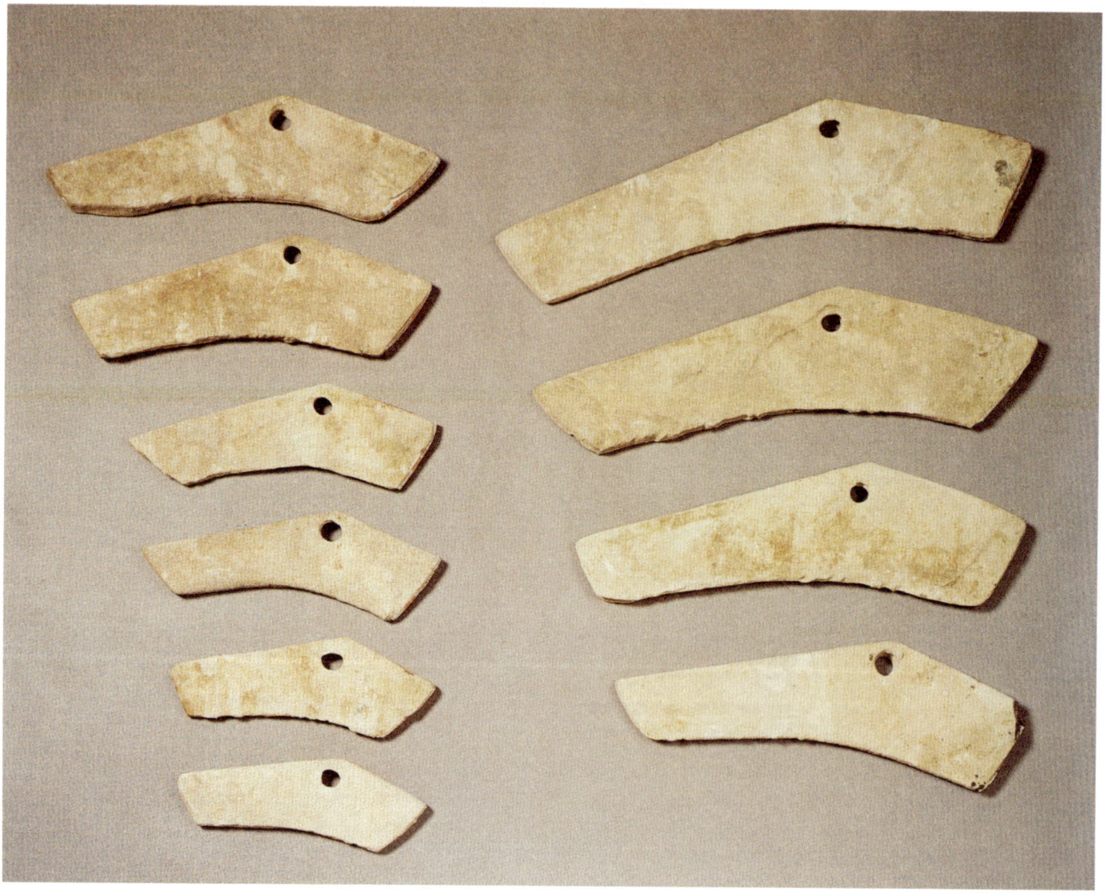

的锄头，因此创作的灵感来自用锄头挖土地时敲到石头，或人们歌唱而手舞足蹈时，偶尔敲击到放置在墙边的石锄，而打击出悦耳的声音，于是就依照锄头的形状制作敲打乐器。商代的石磬有时制作成规整的长方形，西周以后就大多制作成“有股[1]（短边）、有鼓（长边）的倒L形”（见图1-8）的固定形状。

对于磬的乐声，调整音调高低的方式主要是石磬的厚薄与宽窄。石磬的厚度薄，音调就变低，宽度窄，声调就会变高。因此，想把音调降低，就要磨薄石磬的表面。想要升调，就必须把石磬的边磨去一些。这种刮磨掉多余部分的调音方式不但《考工记》上有记载：“已上则摩其旁，已下则摩其端”，甲骨文中也有反映出来。甲骨文“攻”字字形 ：手持乐槌，敲打一件悬吊着的长方形石磬，石磬下方还有三个小点，表示被刮下来的石屑。刮削石磬的表面或两旁而产生石屑，是石磬校音时的必然过程，检验音调时也有这种情况。校音是为了改善音质，所以“攻”字也常有引申义，即“预期达到更好的效果”。另外，不同于甲骨文“磬”字所展现的是演奏多件悬吊着的编磬，“攻”字是指石磬被单独悬吊的情况。

早期的石磬都是单独的特磬（单独一件叫作“特”），晚商偶尔有

① 股：不等腰直角三角形构成直角的较长的边。见《周髀算经》：“故折矩，以为句（即勾）广三，股修四，径隅（即弦）五。”

三件或五件成组的石磬。到了春秋时代，演变到有十件以上、尺寸各异的成组编磬，各具不同的音调，可以演奏复杂的乐曲。曾侯乙墓随葬的两层磬架，就悬挂了三十二件石磬。

“磬”字的读音与“庆”相同，商代已经出现有石磬雕刻成鱼的形状，除了美观之外，可能还含有“余庆”这种好兆头的意思。图 1-7 这件石磬装饰了雕工精致且图案悦目的“阳起虎纹”。“阳起纹”是一种费工的琢磨法，必须把两边磨去而留下中间的线条；这是还没有发明钻凿工具的时代，有效雕琢玉材的最高超工艺。到了周代，玉石上就开始出现繁复的刻画图案了。

攻 gōng ＝ **攻** 

手持乐槌，敲打一件悬吊着的长方形石磬，石磬下方还有三个小点，表示被刮下来的石屑。用刮削并敲打石磬的方式，来做调音的工作。校音是为了改善乐音的质量，所以『攻』字也常有引申义：预期达到更好的效果。

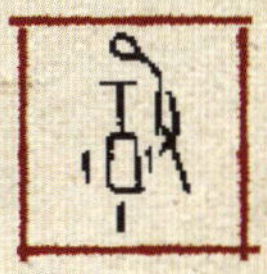

磬 qìng ＝ **磬** 

手拿着木槌，敲打悬挂着的石磬。

玉不琢，
不成器

贰 贵族与仪式——玉不琢，不成器

有缺口的玉器叫作『玦』

表现甲骨文『肙』字的玉雕

可以治病的鸟图腾？

钺是王权的象征

玉琮上的神人兽面纹反映甲骨文的『美』字

贵族挽在头发上的玉梳

上流贵妇的气派象牙梳

有缺口的玉器叫作“玦”

环形而有小缺口的石或玉装饰物统称为“玦”。在新石器时代，玦大都发现于人头骨的耳部，一般尺寸不大，应该是充当耳环使用，或认为玦是穿在耳洞里使用，也有可能系了绳子后，绑在耳朵上。此种形制延续甚久，后来也被当作一种佩饰的部件。因为语言假借的关系，历史上曾经使用玉玦表示“决心”或“断绝”的意思；最有名的例子在《史记・项羽本纪》中，鸿门宴上，范增再三举其所佩玉玦，暗示项羽要下定决心杀掉刘邦，但项羽终究下不了决心，后来反而被刘邦打败。

图2-1这件玉玦，经过科学鉴定，是目前已发现的中国最早的真玉器。其上的红色斑痕大半是由于几千年埋藏在地下，沾染了撒在人身上的朱砂。而把红色朱砂撒在尸身上，是古时流血出魂的死亡仪式。在古人眼中，只要石头的质料够致密与坚硬，可以琢磨出带有光泽表

古人“以示决心”的玉玦

图2-1

外径2.8～2.9厘米，目前已发现的中国最早的真玉器。内蒙古赤峰兴隆洼出土，公元前6200～前5400年面的东西都是玉。不过，今日科学定义的玉，只限于具有高硬度的透闪石。东汉郑玄注《考工记・玉人》说："玉多则重，石多则轻。"古代在没有科学仪器的情况下，这倒不失为一种可行的办法，因为高密度的东西称量起来会比较重，而玉就是组织紧密的矿物。

在中国产玉的西部发现的遗址中罕见玉器，而不盛产玉材的东部文化反而常出现玉器，诸如河姆渡、大汶口、良渚、红山等新石器遗址。因此可以想见古人使用玉器的重要考量就是因为玉的价格昂贵，不是人人用得起的物品。在盛产玉的地方，因为玉石不是珍贵的材料，所以才不被当地的人看重。

中国使用玉的演化历史，可简单区分为几个阶段：开始时只因为它美丽可爱，所以拿它来做耳饰或颈饰；进入区分阶级的时代后，就用作表现贵族的身份，除了装饰身体外，又制作为礼仪器具，把高贵君子的种种德性赋予在玉的身上；一旦流行于社会大众，玉就不再具有特权的意义，反而转化为避邪防身的功能；当社会不再重视玉的使用，玉就变成创造艺术品的材料，回到最初的装饰功能了。

玉 yù = 玉

绳子上串连了多片玉饰的器形。

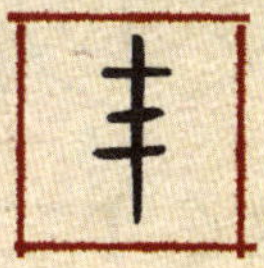

表现甲骨文“䍜”字的玉雕

图2-2这件玉雕的形状为一只动物，在它头顶上有两只大耳朵，耳朵的形状是不太整齐的半椭圆形（有些会雕刻成斜挂在一边的三角形耳朵）；这只动物还有一对张开的圆眼睛（有的玉雕只刻出一道短凹线，似乎是表现闭眼或睡眠的状态）；它的嘴巴前凸，很像是猪的嘴巴；额前和鼻子的部位都有好几道约略平行的长凹线，大致表现皱褶的脸部；它的身子卷曲，几乎与下颌相接，就像玉玦的小缺口。有的玉雕则在内部部分相连，但也具有小缺口。

这件兽首虫身的玉雕是红山文化遗址中常见的东西，但不见于中原的其他文化遗址。这件玉雕的形象虽然不像目前已知的陆上动物，但它对于当时的社会必定有重大的意义，才会一再出现。这类玉雕的尺寸有大有小，小的七八厘米，大的长达十五厘米，都有一个可以穿过绳索的钻孔，成为佩戴的饰品。从出土的位置判断，人们经常将这

玉制的防蚊项圈

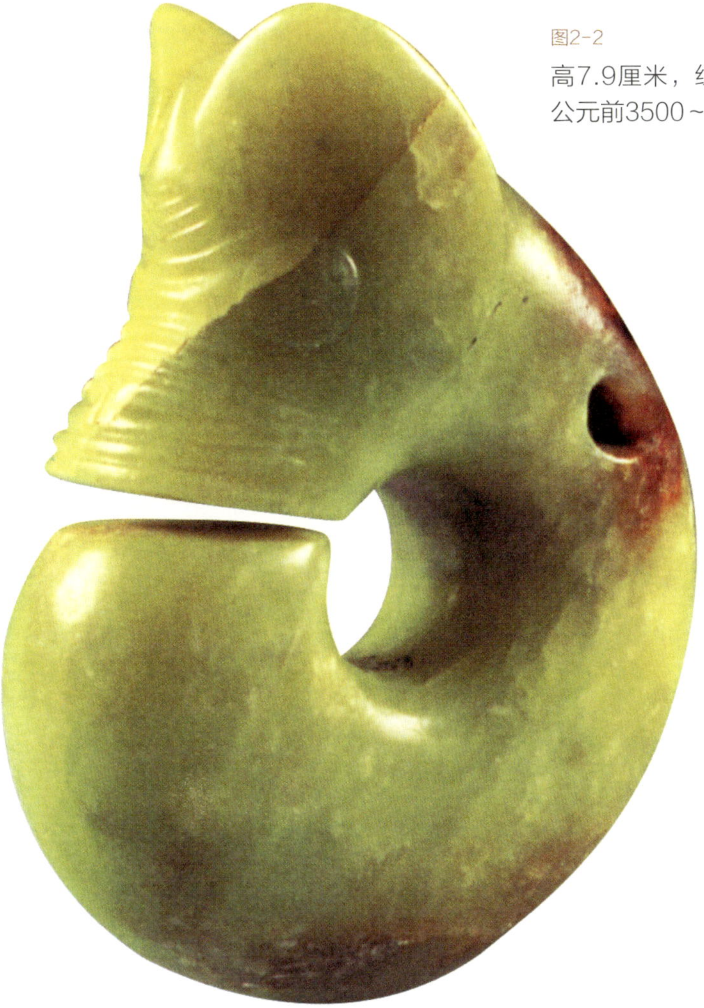

图2-2

高7.9厘米，红山文化类型，公元前3500～前2200年

图2-3

兽面纹异形黄色玉器，长12.1厘米，辽宁阜新，红山类型，公元前3500～前2200年。下有钻孔，用途不明。造型较之其他红山玉器复杂。辽宁省博物馆藏

种玉饰一大一小佩戴在胸前，而非后来常见的佩戴在腰际的玉佩。

到底这是一种什么动物，是现实世界的动物，还是想象的动物？学者议论纷纷，有的学者说它是龙，或者因为它的头部像猪，所以称它为猪龙。远古的人不太会做没有根据的幻想，如此一再出现的东西，它的原型一定是现实中的事物。

甲骨文“龙”字字形，尾巴一定跟头部反方向。这个龙字的形象首见于河南濮阳一个六千多年前的墓葬，学者认为其原型为扬子鳄，所以图2-2所示这只身上无鳞、尾巴卷曲且与头部朝向相同方向的动物，绝不可能是龙。它倒像是甲骨文的“肙”字：一种头部看起来很凶恶的动物，身子卷曲，身体跟头朝向同一方向。在商代，这个“肙”字使用的意义为“蠲”字或“捐”字，意义为“去除疾病或灾难”，甲骨卜辞如“有疾身，不其肙？”“妣庚肙王疾？”意思是：身子得了疾病，不能够去除吗？妣庚能够去除王的疾病吗？

《说文解字》中“肙”字的含义是“小虫”。有些甲骨文学者认为“肙”字描写的是蚊子的幼虫。为什么古代的人会用蚊子的幼虫表达去除的意义呢？理由是：蚊子叮人肌肤而吸血，不但会痛，也会传染疾病，如果蚊子已长成能够飞来飞去的害虫，就不容易扑灭，最好是在未成形的幼虫阶段就消灭它，所以才会用“蚊子的幼虫”去创造“消除”的意义。

图2-4这件玉雕穿过绳索悬挂时，头略微下垂，很像蚊子幼虫寄生于水上的样子。学者认为远古人佩戴这种玉雕在身上，不但是为了

图2-4
碧绿岫岩玉角龙，高26厘米，内蒙古出土，卷曲如C形，与S形的龙有别。身体正中有一小孔，若悬挂，则头下垂。红山类型，公元前3500～前2200年。中国国家博物馆藏

装饰，也有祈求吉祥与护身的目的。如果它确实是描写蚊子的幼虫，就有可能是此地的人曾被蚊子所苦，所以佩戴这件玉雕，祈求避免受到蚊子的伤害。能够领悟到消灭蚊子幼虫是去除蚊害的根本之道，算是红山文化人的一项成就。

由于遗址是在内蒙古赤峰红山后发掘到的，所以被命名为红山文化，科学测定遗址的年代约为五千多年前。此遗址不但出土了挖掘土地与谷类加工的工具，还经常发现牛、羊、猪的骨骼，可知农业的生产已占有相当的比重，与同年代中原地区的农业水平相当，并有定居的生活，这种生活方式可能从中原地区发展而来。尤其是遗址中大量出现琢磨出细致图案的装饰玉器，说明人们有闲暇及财富去追求舒适的居住环境与艺术的生活。遗址里的巨大庙坛建筑，也反映出丰沛的精神文明。

肙 yuān = 肙

一只头部看起来很凶恶的动物，身子卷曲，身体跟头朝向同一方向。

龙 lóng = 龍

一只头部看起来很凶恶的动物，身体跟头朝向相反方向。

可以治病的鸟图腾？

图2-5这件玉器虽然只是略具轮廓，但可以看得出是一只展翅的鸟。此玉器的成形方式只有“磨蚀”这一种方法，想必它的制作年代很早，是在有效的刻画工具发明之前。在20世纪初期，已经有很多件类似的鸟形佩饰被中国以外的博物馆收藏，但都不知道它们的出土地点，当然也就不可能知道它们的制作年代。直到20世纪80年代，一再于东北辽河流域发现同样的东西，才知它们与内蒙古赤峰红山遗址属于同一种文化类型，即红山文化，碳14测定遗址的年代为公元前3500年。不过，有学者认为，某些玉器出土的地层不同于经过碳14测定年代的祭祀遗址，因此没有确实的证据表明这些各式各样的玉器年代早于公元前3000年。

图2-5这件玉雕造型简单，从整个雕像的比例来看，像是一只大鸟而非小鸟。头部有两个小小的浅圆洞——一般推测，当时人们可能使用竹子一类的管状物，在沙子和水上面，反反复复慢慢钻成圆洞，代

鸟身人面的扁鹊起源？

图2-5

高5.1厘米，宽5.9厘米，加拿大皇家安大略博物馆藏。红山文化，公元前3000~前2000年

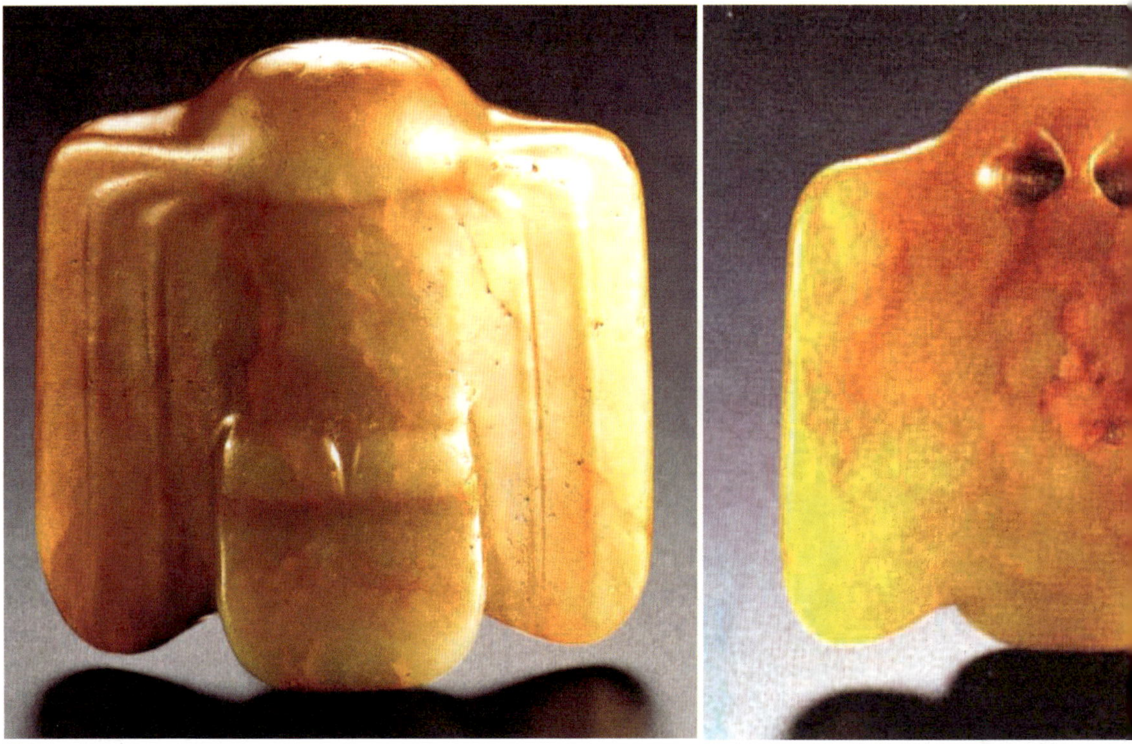

图2-6
淡绿玉鸟形佩饰，长4.7厘米，宽4.7厘米，厚0.6厘米，新石器时代，红山文化，公元前3000～前2000年

表眼睛；头下突出的尖尖部分应该是鸟喙，从宽而尖的特征来看，应该是属于某种猛禽才会有的嘴巴。身体部分只用一条横的凹线分隔成身躯与尾巴两部分，尾巴的长度与身体一样长，而身子两旁展开一对宽而长的大翅膀，这两样特征显示出这是一只善于在高空飞翔的禽鸟。虽然玉器的尺寸不大，但却给人庞然大物的感觉，雕琢得非常生动。为了呈现禽鸟的丰满形象，玉雕不是完全平整，身体有弧度，呈现厚

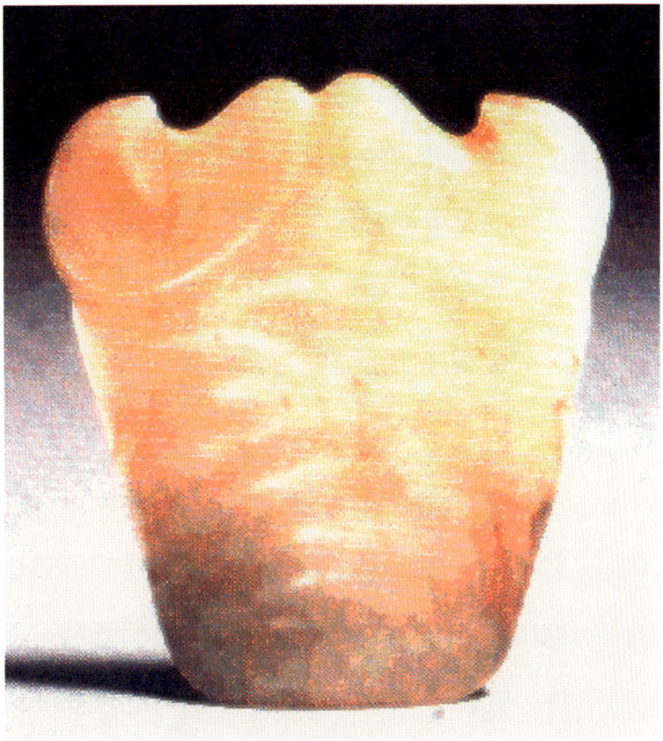

图2-7

牛头形淡绿玉佩饰，高5.9厘米，红山类型，公元前3500～前2200年。背面有两对上下对钻式的孔洞，可以穿绳系佩

实的感觉。而且在雕琢翅膀的时候，用垂直的阳纹去呈现羽毛形象。阳起的纹线是种比较费工的繁复琢磨法，必须小心地把两边磨蚀掉，只留下中间的窄线条。而雕琢阴刻的线条，只需要反复在表面上摩擦就行了。阳纹的雕刻技巧发展到商代就很成熟了。这件玉雕的质地虽然不晶莹剔透，且含有三道明显的杂驳斑纹，但反而增加了欣赏的趣味，左右翅膀的黑带斑纹，更表现出栩栩如生的羽毛形象。

从鸟头后面所钻凿的小孔，可以看出这是为了穿过绳线，以便能够佩戴的玉佩。这么做是为了不妨害造型的美观。有些玉器的上下部位各有钻孔，应该是为了穿过绳索后，可以稳定展示玉佩的形象。这件玉佩可能佩戴在胸前，而不是系在腰际，一如我们常在这个时代的墓葬中见到人骨的胸前挂着玉猪龙。这个时代的人们似乎还没有在腰际间佩戴成组玉佩的习惯，而在腰间系上成组玉佩，通常是为了展现不须从事劳动的优雅形象，象征佩戴者的社会地位非常高贵。

玉石是一种贵重的材料，制作的过程也非常费时。红山文化发现数量颇多的玉雕、玉饰，各件玉器的形象也有一致性，算是一处表现突出的新石器文化遗址。当地人们既然有佩戴固定形式贵重物品的习性，就表示当时社会组织稳定，亲族之间常有联系，生活有共同模式。

“鸟”在中国古代东方的社会具有非常重要的意义。传说商代的始祖契，他的母亲简狄有一次在洗澡的时候，看到一只玄鸟掉下一个蛋，就捡取鸟蛋并吞食之，没想到竟然怀孕，生下了契。契的子孙后来建立商朝，就祭祀玄鸟，以它为创生的始祖神。统一中国的秦朝，原来也是起源于东北而信仰鸟图腾的氏族，与红山文化的区域相距不远，很可能两者有关系。有趣的是，中国的西方以大型哺乳动物为图腾。中国医术传统分为东、西两方，西方重草药，信奉牛头人身的神农氏，有“药兽”传授人类使用草药的传说；东方则有鸟身人面的扁鹊使用砭石、针灸治病的传说。

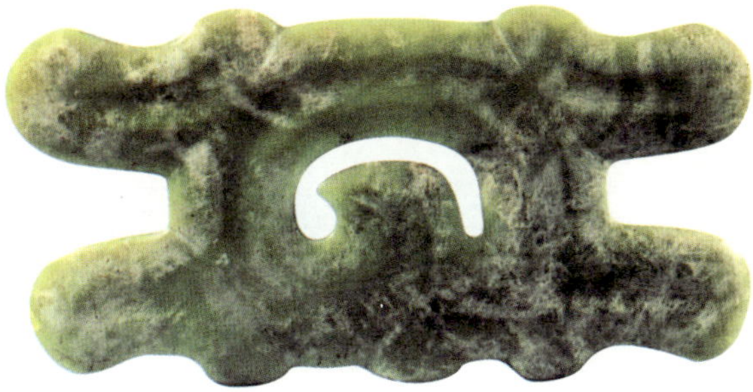

图2-8

钩云形淡绿玉佩饰，长22.5厘米，形态类似而多样化，牛河梁出土，红山类型，公元前3500～前2200年

图2-9

马蹄形淡绿玉器，高18.6厘米，牛河梁出土，红山类型，公元前3500～前2200年。常出现在邻近头部的位置，下端平整，两侧有小孔，可能是束发器

图2-10

镯形玉器，外径8.5厘米，牛河梁出土，红山类型，公元前3500～前2200年

疾

jí

=疾

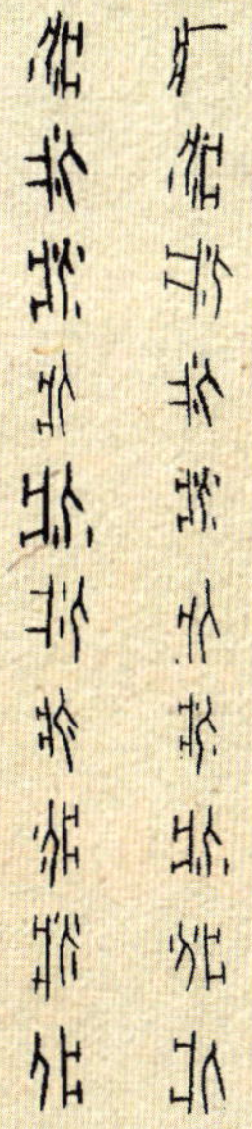

早期甲骨文有两个字形：一是一个人生病了，躺在床上的样子；另一个是身上中箭之状。

钺是王权的象征

钺与斧的形状相同，但名称不同，然而都是以纵直面为打击重点的工具或武器。后来习惯称呼砍伐树木的为“斧”，处罚罪人或代表威权器具的为“钺”。图2-11这件玉钺由三部分组成，主体为钺，上端为木柄的冠饰，下端为木柄的端饰，上、下端的装饰零件可有可无。

图2-11这件玉钺之所以广受注意，在于钺的左上角刻了一幅浅浮雕的图案：戴羽冠的人骑在一匹野兽上。同样的图案也见于另一件玉琮。线条纤细、图案复杂细致，都是前所未有的。古代使用的雕刻工具不可能在坚硬的玉石上刻画绵密的线条，所以其他地方的玉器只有简单的纹饰。唯有良渚文化的人们发现经过高温的火烧烤之后，玉材就会软化，可以在上面刻画线条。这件玉钺也用同样的手法完成了雕刻。除了神兽复合的图案以外，左下端也刻了一只浮雕的鸟儿。在钺

钺 处罚罪人的权威器具

图2-11

玉钺高17.9厘米，刃宽16.8厘米，厚0.8厘米。木柄已腐化，全长约80厘米，浙江余杭反山出土，浙江省文物考古研究所藏。良渚文化，公元前5300～前4200年的右边中间部位钻了一个孔洞，应该是为了捆绑木柄所做的设计。这个孔洞很小，只能穿过细绳，捆绑起来可能不是很牢固，从这个特征判断它不是一件实用的器具。

整体来看，这件玉钺磨制得非常精致又光洁，既没有锋口，也没有使用的痕迹，在腐烂的木柄处，还可以看到朱砂的涂痕，以及镶嵌的百余颗小玉粒，全长约80厘米，单手把握，是一件非常珍贵的象征性礼仪用器。从以上的特征看，这把玉钺的主人身份大致已可确定为

图2-12

图2-11刃角两面的对称位置上，各雕琢有图像：上角为神人像和兽面纹组合的神徽，头戴羽冠，四肢俱全；下角为鸟纹。良渚文化中，仅此钺有此装饰，被誉为“钺王”，钺本来是武器，但此玉制的钺质地易断，非实用武器，而是仪仗用品

掌握政权的王者。再根据墓葬的位置，此玉钺握在墓主人下垂的左手中，可以从文献上印证墓主的身份。《尚书·牧誓》描写周武王打败商王后，“王左杖黄钺，右秉白旄以麾”。《诗经·长发》咏怀商汤克夏，也有同样的“杖钺”“秉旄”的描写（《诗经·商颂·长发》：“武王载旆，有虔秉钺。如火烈烈，则莫我敢曷。”）。说明王者左手拿钺的传统起码可追溯到距今四千多年前。

社会有了阶级之分以后，才有身份比别人高的王者。根据中国的传说，4800年前黄帝战胜炎帝，统一天下之后，开始创立制度，制作不利于打仗的垂地长衣裳，服饰上有费工的刺绣，主要是为了向人民宣示未来将不再有战争，可以放心休养生息。制作这件玉钺的时代，约与黄帝同时或稍后，此时部族之间的争端已经扩大，不但有战争，也有处罚的行为，族长就是掌握刑法的人。我们可以想象良渚王的打扮：头上戴着装饰了羽毛的帽子，身穿有刺绣的长衣，胸前挂了一串玉饰，左手拿着这把玉钺，右手举着白旗，意气风发地指挥。

良渚文化是近数十年来才发现的重要文化类型，由于在浙江余杭良渚遗址发现，而取名为“良渚文化”。范围大致在浙江北部至江苏南部一带，年代介于公元前3300年到2200年之间，人们已经开始全年经营稻作的农业。此遗址的陶器虽然也有特色，但最著名的是大型墓葬里的随葬玉器。这个遗址的出土玉器质地佳美，且数量又多，是前时代的遗址从未有过的类型。曾经发现过一个墓葬的出土玉琮、玉璧竟多达57件。从超大型坟墓挖掘出来的玉器竟然都是真玉，而较小型的墓葬就混杂了假玉；这种情况说明当时不但有埋葬等级的制度，也有辨别玉器质量好坏的机制。可能当时的社会已朝向国家组织的路上迈进，不是朴素的氏族社会了。有学者认为良渚社会存在大量的非生产性劳动，例如制作这种远地输入的玉器，就占了社会一部分的支出，这种追求享乐的社会风气可能使良渚社会的调节能力逐渐丧失，最终导致良渚文化走向灭亡。

戉 yuè ＝ **戉**

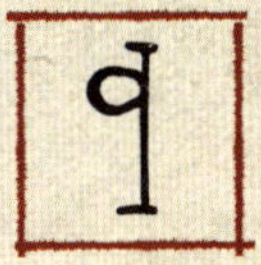

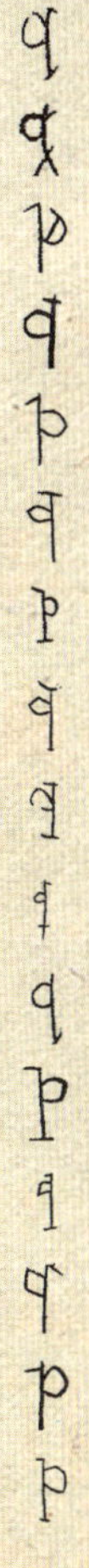

有柄的宽弧刃的重兵器形。

玉琮上的神人兽面纹反映甲骨文的“美”字

图2-13这种有孔的方柱形器物，学者认为它就是《周礼·大宗伯》“以苍璧礼天，以黄琮礼地”的琮，因为形状外方内圆，正符合中国古代“天圆地方”的思想。但是这种器物都见于墓葬，曾在一次发掘中，发现墓中尸骨的四周有33件大玉琮围绕成颈饰的样子，显然不是用于祭祀土地的神灵。但玉琮颇重，像图2-13的这一件，竟重达6.5千克，没有办法使用为颈饰。至于其他各种猜测，例如，用作车轮的毂孔、祖先神主牌的覆盖物、观测恒星的仪器等，也都被一一驳斥。因此它的真正用途，恐怕一时之间还无法下定论，但费心用高价的材料制造这类毫无实际用途的东西，绝对是与宗教信仰或威权有密切的关系。宋代以后的人仰慕古代，文人学士也常以其他的材质制作琮形的器物，作为摆设用于观赏。

玉琮首见于山东大汶口文化，而盛行于良渚文化。从山东沿着海岸线，一直到广东各地，都有发现，基本上是属于东部文化圈的器物。

图2-13
高8.8厘米，长宽17.6厘米，孔径4.9厘米，重6500克。浙江余杭出土，良渚文化，约公元前3300～前2200年

出土的玉琮尺寸，小至2.5厘米的类似琮的小管珠，大至50厘米长。琮的形式从一节到十九节不等，每一节的角落都装饰或繁或简的颜面花纹。繁复的花纹上有清楚的眼、鼻、口形状，简单的花纹就只剩下两个圆圈。玉琮的形制都是下部略小于上部。如果不是这样，就一定是不了解形制的后代人所仿制。

在图2-13这件玉琮四面的竖槽内，各雕刻了两组神人兽面纹，它跟同墓出土的玉钺，拥有一模一样的纹饰，由于刻画的线条过于细浅，很难从图片上看到细部。根据报告者的描述，上半部为头戴羽帽的神人像，下半部为野兽的形象。如图2-14，这只神兽有瞪得圆圆的特大号眼睛、宽大的鼻子、露齿的嘴巴、蹲曲状的粗壮腿脚，每只脚还露出三只利爪。头戴羽帽的神人双手向下按着兽首，看似骑着神兽的样子。骑野兽的图案在早期社会可能有“携带灵魂上天”的意味。到了汉代，仍然保留骑骏马上天的思想。

早期由于钻磨琢刻的工具尚未发展成熟，很难在玉器上雕琢出繁缛的图纹。新石器时代的玉器大多素面且没有纹饰，或是蚀磨两旁而留下简单的凸起线条。良渚的琢玉工匠发现，经过高温烧烤后的玉色不但变白而纯净，质地也软化，莫氏硬度从6 ~ 6.5的软化到3，就比较容易刻画精细的条纹了。图2-13这件略带紫红斑的变白玉雕不但质地厚重，整体的结构工整，构图也和谐而巧妙，线条细腻，用浅浮雕与线刻两种技法雕成，应不是一般的玉匠所能制作，大概是技巧熟练的资深工匠为戴羽帽的大氏族酋长所制作。

头戴装饰羽毛的帽子可以增加美感。甲骨文“美”字字形  ：一个人的头上戴着高耸、弯曲的羽毛，或是戴着类似的头饰。从旧石器晚期以来，人们就晓得借用其他东西来装扮自己，时代越晚，装饰的花样也就越多。到了有贫富差距、阶级区别的时代，人们就以罕见的饰物表现高人一等的身份，因此高耸的帽子也自然演变为地位的象征物之一。譬如北美的印第安人，酋长的羽毛头饰就远比其他成员的丰富。人们也往往因为过度放大装饰物的象征作用，而损害了其实用性。

头顶羽冠的神人兽面纹象征灵魂上天

图2-14

神人兽面纹

图2-15

十九节苍绿玉琮，高49.7厘米，山东出土，大汶口文化，公元前4300～前2500年。刻大汶口“旦”字同形的符号

图2-16

三节变白玉琮，颜面纹饰稍比上例复杂，反山出土，高10厘米，孔径6.6厘米，公元前3300～前2200年。浙江省文物考古研究所藏

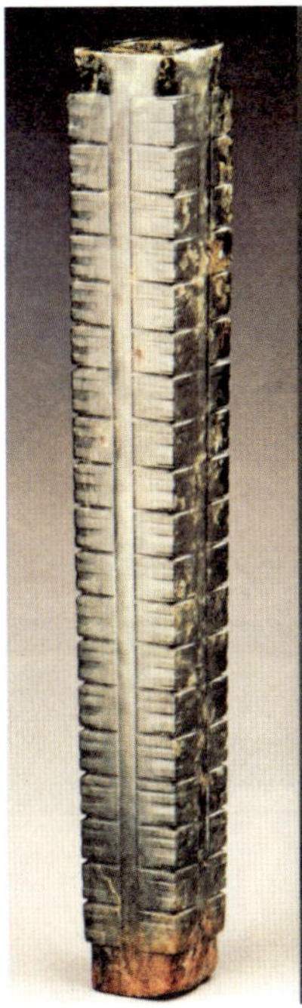

图2-17

六节杂质绿玉琮，高15.7厘米，上长宽7厘米，下长宽6.6厘米，公元前3300~前2200年

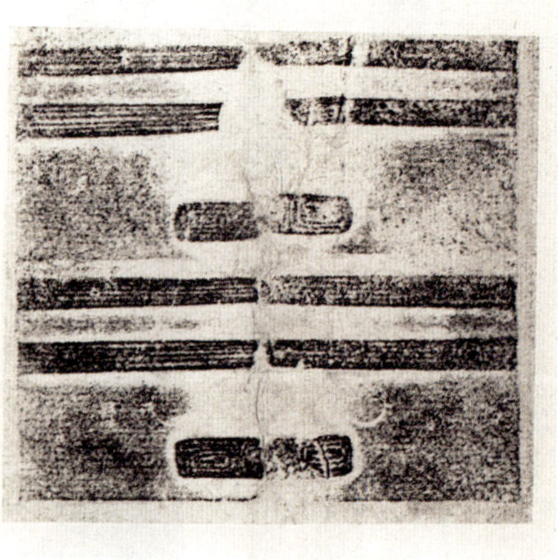

图2-18

杂质棕玉琮及花纹的拓本。宽7.9厘米

图2-19

三节绿玉琮，不经烧烤，带有混浊与黑纹，纹饰简化如一般式样。良渚类型，高9厘米，公元前3300～前2200年

图2-20

单节变白圆玉琮，反山出土，高4.5厘米，公元前3300～前2200年

图2-21

山形变白玉饰，高5厘米，上有孔洞，可能为插羽毛之用，神兽复合图像即戴有羽冠，到周代尚有戴羽冠玉佩。公元前3300~前2200年

图2-22

山形戴羽冠纹变白玉饰，高4.8厘米，宽8.5厘米，瑶山七号墓出土。良渚文化，公元前3300~前2200年

美 měi = 美

一个人的头上戴着高耸弯曲的羽毛，或是戴着类似的头饰。

贵族挽在头发上的玉梳

图2-23透雕冠状变白玉梳柄的形状：正面的中央部分高耸突出，上端中间又凸出形成三角尖；两侧作稍低而略为上翘的平台状，其下边内折、弧收而成为下边有阶梯式的根部；在最底部的宽短榫座上，都有三至五个的钻孔。整件文物的轮廓有如平伸双臂站立的人，又如张开双翼的王冠。由于此类器物出土时都在墓主尸身的头顶附近，所以大都被视为冠上的装饰物，孔洞的作用主要是为了缝系于帽子上。这种推论看起来很合理。

近年在浙江海盐出土了一件玉柄象牙梳，见图2-24。这件梳子的玉柄是另一种常见的玉冠饰，出土时嵌于象牙梳的顶端，以两枚横向的销钉固定住。这件良渚文化的梳子解决了悬疑多年的问题，所谓玉冠饰的功能问题，答案终于揭晓了。通过这个新发现可以推测，图2-23这件玉柄梳子的材料是木、竹一类容易腐烂的东西，梳子的上端钻有孔洞，跟榫座上的小孔对应，以便穿过绳线绑牢梳子的玉柄。

张开双翼的王冠
贵族的象征

图2-23这件透雕玉梳柄的制作非常费工，就算花上一年的时间也不必惊奇。这块玉柄已经不是原来的颜色。玉是石头中非常坚硬的一种，古代只能使用蚀磨的方式慢慢雕琢玉器。在良渚文化时期以前，绝大多数的玉器都是素面无纹的，偶尔才有简单的线条。但是良渚文化的玉匠却有办法刻画细致复杂的纹样，那是因为良渚文化的玉匠发现了一个让玉变软的方法。软玉的莫氏硬

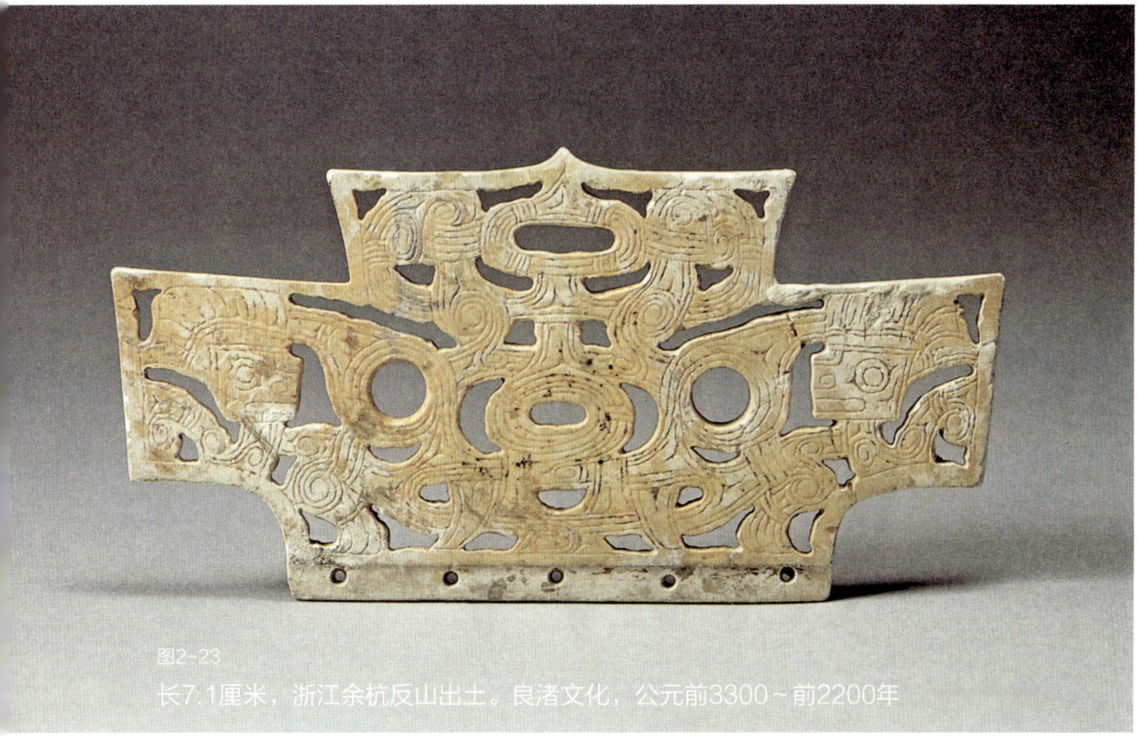

图2-23
长7.1厘米，浙江余杭反山出土。良渚文化，公元前3300~前2200年

图2-24
玉背六齿象牙梳，通高10.5厘米，玉背顶宽6.4厘米，象牙梳顶宽4.7厘米，厚0.6厘米，浙江海盐出土，海盐县博物馆藏。良渚文化，公元前3300～前2200年

度介于6 ~ 6.5之间，经过高温烧烤之后，石头的颜色变白，莫氏硬度可降到3左右，就比较容易加工。这件玉器的颜色已经变白，显然用火烧烤过。

制作玉器的第二步，是把玉片切薄并且琢磨成外廓的形状。虽然也费工，但难不倒古代的玉匠，在还没有发明先进的工具以前，只须在平面上慢慢蚀磨。最后一个步骤应该是刻画线条。工匠应该事先已设计好雕刻的线条，甚至也画了图样。图2-23这一件器物上的两面纹饰相同，并且对称，用阴线雕刻神人兽面像。中间的主要纹饰，则比照当时较写实的图样，可能是图案化的兽面，最上一部分是额头，之下的圆圈和两个半月代表鼻子，两旁是眼睛，下面是嘴巴和下颌。这个主题画面的两侧各有一个头戴羽冠的人像，侧身侧脸而左右相向。它们可能作为主题的耳朵部分。最后一道步骤是钻孔完成透雕，去掉不要的部分。

最困难的部分是雕刻线条。从放大的照片可以看出线条的边缘有非常短又细的锋芒，推测它是在玉片上放置类似石英砂的高硬度细粒，再用细竹尖沾水，反复在玉片上摩擦，慢慢地让石英砂磨蚀掉表面，最终形成凹下的线条。每条线都要反复摩擦千百次，才能在表面上显露出锋芒。

图2-23这件玉柄梳的主要功能是“展示”，所以才会用如此费工的方法在两面磨蚀同样的图案。在良渚文化的墓葬中，玉柄梳经常伴随多件玉柄笄。有些玉柄笄的端部上还有钻孔，可以从孔洞中系绑绳

线。现代的我们可以想象装扮者盛装的模样，这些人在社会中当然属于贵族阶级。这个遗址的男性墓葬的随葬品丰富，而且还随葬有象征权威的玉钺，可以了解这时已是男性主导的社会，妇以夫为贵的时代了。

上流贵妇的气派象牙梳

贵重的象牙梳
贵族妇女的美丽装饰

图2-25
象牙密齿梳，长16.9厘米，西周，约公元前11~前10世纪

图2-26

高16.2厘米，宽8厘米，山东泰安出土，中国国家博物馆藏。大汶口文化，公元前4300~前2500年

图2-26这件十七齿的梳子是用象牙制成的。在中国，象牙一向都是贵重的物资。从这件梳子的造型可以看出，它的重点不在于梳头发而在于展示，所以在齿上有大面积的装饰图案。梳子的面较厚，齿的部分稍薄。顶边还刻出四道三角形的缺口，下面是三个透空的横列圆孔。圆孔以下是主要的纹饰，在透雕的框线中，上面是一道长横线，两旁是纵行的不连续三道直线，用十五组平行的透雕短线构成了类似阿拉伯数字8的图形，并在两个圈中透雕T字纹。

这件梳子透露了很多信息。细密而长的齿说明是为了繁密的长头发而设计，而且是要梳得非常的整齐顺畅。密齿的梳子不一定只有妇女才使用，古人少沐浴，留长发较容易长虮虱，因此要用密齿梳来清除，所以留长发的男士也可能使用它。但是，梳子的柄部一般只要能够拿在手中就可以了，而这件的长度却有11厘米，显然主要目的在于展示，是可以让人欣赏的，因此它是插在头发上，是女性才会使用的器物。加上它是以贵重的象牙制作，所以当然是属于贵妇人的器物了。出土这件梳子的墓中还发现了象牙筒，随葬品也非常丰富，都见证其贵族的身份。后代不以梳子展示富贵，所以梳柄的面积都不大。

密齿发梳是贵族的象征，所以甲骨文的“姬”字字形，左半是一把梳子的形状，右半的“每”字，本义是丰美，作一名跪坐的妇女头上插有许多支发笄的样子。在几个商代的墓葬中，曾发现妇女头部周围遗留超过十支发笄的情形。姬字的意义是贵妇，显然是以头发上插有密齿梳子表达意义，比只插发笄的人身份更高。商代出土的骨笄数量上万，但梳子的数量却寥寥可数，反映使用梳子的人身份之高。

还有，三个圆孔应该是为了系绑东西而设的，让人想起另一个甲骨文“敏”字 ，作一手在打扮一位妇女的头发的样子。要装扮漂亮，需要巧手才能胜任，所以有敏捷、聪敏的含义。头发除了条形的笄、板形的梳、筒状的箍以外，还可以装饰各种珠玉、贝壳等美丽的东西。金文的“繁”字 ，作一位妇女头上装饰有丝带及其他饰物的样子。因为头发或头带上所缀的装饰物多样，所以有“繁多”的意思。因此这件梳子的孔洞大概绑有色彩艳丽的丝带，甚至铃铛一类的东西，商代的墓葬曾见头上系有铃铛的现象。服侍的人群前呼后拥，发上装饰多彩的梳子，走起路来铃铃作响，当是多么的威风。

中国传说神农氏作篦。篦即密齿梳子的正确名称。神农氏是发展农业的象征，人们对于环境进行了投资，开始有产权以及领域的观念，社会渐有贫富及阶级的分别，有人可以不从事生产而享受别人的生产成果，服装也起了区别的作用。长发不利于劳动，是贵族的象征。这把梳子让我们了解，距今四五千年前的大汶口文化已进入阶级时代了。

姬 jī = 姬

以密齿长梳装扮的贵族女性。

头发上穿插密齿的长梳子表意，比只插发笄的人身份更高。密齿长梳子的材料往往是贵重的象牙或美玉，也总有意在展示繁缛的图案，且比梳齿部分大很多，表明其制作的重点在于展示胜过实用。

敏 mǐn = 敏

一手在打扮一名妇女头发的样子。

弘济区夏

陶甄万方

叁　日常生活用具——弘济区夏，陶甄万方

汉代以前流行的陶器

泥土经过火焰的烧结，称之为陶。地上普遍存在泥土，而且泥土会脏污其他东西，并不是人们宝贵、器重的材料。但是一经过火的洗礼，却能巧妙变成可以盛装食物、装饰环境的器具，以及用于建筑家居等，是有用的东西。人类虽然在几十万年甚至百万年前就能够控制火，但却在知道用火很长时间后，才学会烧造陶器。中国是世界上最早烧制陶器的地区。江西万年仙人洞出土的陶片，根据碳14的年代测定，约在公元前15 000年加减190年。这个数据如果经过树轮年代的校正，更可以提早到公元前18 050年至17 250年。使用陶器的时间还在栽培稻米之前，差距约有好几千年。从年代来看，陶器的起源似乎与农业无关，而是跟采集、渔猎的经济发达有关。

为了盛水才发明陶器

陶器最初发明的时候，当是以盛水为主要目的，后来才渐渐扩充到煮食、盛食、储藏、建筑、装饰等其他用途。由于陶器有盛水的功能，人们不必太靠近河流居住，扩大了人们活动的范围，更进而让人们发现，距离河流较远而地势较低洼的地点有泉水涌出，可以提供生活必需的用水。人们终于能够在广阔的大地建立村落、都市。中国有神农氏耕作而创造烧制陶器的传说，大概是因为陶器有利于人们过定居生活，人类的文明能进一步提高，所以有人就以陶器的使用作为人们告别旧石器时代而进入新石器时代的标志。早期的陶器比较容易破碎，适合定居的农业生活，而游牧民族还是以皮袋装水比较方便；所以，陶器业的发展好像与农业关联比较密切。

烧造陶器的主要材料是黏土。甲骨文的“土”字 ，画成一堆土块的样子。其中有些土块是上下尖而中腰肥大的形状，有的还加上几点水滴。干燥的土堆是松散的，要包含相当的水分，才能够使泥土凝结成柔软的块状，进一步捏塑成想要的形状。也只有黏土才能塑成中腰粗大的形状。陶器是古代人们生活所不能缺少的日常用具。因为只有黏土才能够捏塑陶器，推测古人创造“土”字的用心，很可能就是基于它可以捏塑并烧结成形的价值吧。

各地区的陶器自成一格

陶器中，以日用品最多，破碎而丢弃的情况也最多，而且因为陶片不会腐朽，所以普遍见于遗址中。因为不同地区的工匠烧造陶器所使用的材料、掌握的技术、个人的作风、社会的要求等皆有差异，因此各地区烧制的陶器各自有不同特色，这种特色成为辨认各民族、各时代文化不同面貌的理想指标。所以辨识陶器是考古工作的一个重要项目。陶土成分的化学分析，也有助于探明采挖原料的地点，从而研究氏族之间交往的关系。

虽然泥土都可以烧造陶器，但是成品的质量却有很大的差别。新石器时代以来的人们已能有意识地精选材料，用多次在水中淘洗的方法，除去泥中的砂粒、草根、石灰等杂质。在发明烹煮用的陶器后不久，人们就领悟到“掺杂细砂于陶土之中，就有加快传热的功能”，并且不会因为温度骤冷收缩而导致陶器破裂。

陶器最早是露天烧造，但这种方式烧成的陶器火候低，烧结不完全，完成后的陶器质地脆弱并且容易碎裂。距今8000年前的中国也已出现横穴式的陶窑，但火焰要经过一段上升的通道才能接触陶坯，热量会在传导中散失，不利于提高窑内的温度。后来改良成竖直式的陶窑，火焰就可直接透过火眼接触到陶坯。公元前5400年的细泥红陶，烧结温度已到达930摄氏度。公元前3000年的灰陶，烧结温度更达到990摄氏度。商代后期有烟道的陶窑，又将温度提高到1200摄氏度。这种提供高温的陶窑，想必对于冶金业的发展有很大的帮助。

中国历史超过一万年的新石器时期遗址主要在华南地区，这个地区在一万多年前发展农耕文化。因为气温大幅度上升，不再适宜居住，人们被迫往北方迁移。迁移路线大致可分为经由陆路到达华北地区，及沿海岸线北上到达东部海岸地区。所以这两个地区的早期文化面貌很相似，越到后来，两地文化面貌的地域性差异就越大。陶器的差异也是如此。

商代前后的陶器

商代以前的陶器有红、灰、黑三种质地。红陶是由氧化焰烧成的，灰陶是由还原焰烧成的。“氧化”是物质的原子失去电子的化学反应：物质跟氧原子化合的过程，陶土里的铁与氧合成后，就变成红色的氧化铁。“还原”则是物质的原子获得电子的化学反应，也就是物质与氢化合或者失脱氧原子的过程。含氧化铁的红陶，如果氧原子被抽离而还原了，就变回原先铁的灰色。黑陶则是在焙烧的后期，用烟熏的方法进行渗碳作用，使得陶器变黑。有的黑陶还在放进窑室之前，多一道费工的程序，用鹅卵石在半干燥的土坯上打磨，使器物的表面变得平滑，而且带有光泽，那是属于东部龙山文化的少量特产。西部自仰韶文化发展下来的一系列文化，则是在红陶的表面上彩绘红色或黑色图案，与东部文化圈有很不一样的传统。一般说来，时代越晚，陶窑的构造越先进，红陶的烧造就越少，而比红陶优质的灰陶就越来越多。

商代还发展了烧制硬陶的新技术。商代陶器的原料主要是硅酸铝，它吸水后具有可塑性，在干燥时又能平均收缩变硬，遇高热后则质地收缩而变得更坚硬。其中有少数陶器还涂上石灰釉。这种烧成薄层的釉彩，如果再加上高温的烧结，完成后的陶器就会变成较深的灰白色，含有少量的玻璃质。这种陶器吸水率低，轻叩之，声音悦耳，于是成为之后汉代青釉硬陶及青瓷的雏形。

用木陶拍来制作陶器

泥土经过火的烧结而制成的东西称为陶器。人类虽然在几十万年前就能够控制火，但人类却是在知道用火很久之后，才学会烧制陶器。从考古证据来看，中国江西万年仙人洞出土的陶片是目前所知的最早例子，其历史超过15 000年了。

陶器的材料是黏土。“陶”字在商代的陶片上出现过一次，一位蹲坐的人，手拿着木拍一类的制陶工具，在一块黏土上塑型的样子。周代的金文多见此字，已简化人的形状，并且陶拍脱离人形而写作。

图3-1所示两件有花纹的木器，具有共同的特征，纹饰都在一端，没有纹饰的部分都是窄长的形状，可当作把手，使用起来比较方便。由于它们是在窑址里发现的，所以可以确定它们都是陶拍。陶拍的作用约有几个：一、它可以拍打陶器的表面，使质地更为坚实；二、有的陶拍被做成圆筒状，可以套在手指上使用；三、在转轮制陶发明后，

甲骨文『』（陶）字中的制陶工具

图3-1

两面刻纹的木陶拍。面长6～7厘米，宽5～6厘米，厚1～2厘米，把长约13厘米。江西鹰潭角山商代窑址出土，商代中到晚期，约公元前15～前11世纪

图3-2

袋足陶内模。西安斗门镇出土，陕西龙山文化，公元前2300～前2000年

窄长的陶拍也可以伸进器物中，借以拉高陶器的高度。还可以像图3-1的这两件陶拍，在木拍上刻画花纹，把有花纹的那一面压印在陶器的表面上，增添美观；也可以连续压印，节省陶器制作的时间，有助于提高效率。此外，还有些用具可以用来加速陶器成形的时间，例如图3-2的袋足陶内模，使用方法如下：把泥土包覆在内模的周围，抽出内模后，就成了一件中空的袋足。从这件用具，可以推测陶鬲的成形方法如下：分别制作袋足与器身后，再把袋足和器身黏合起来，成为完整的陶鬲。

图3-3

套指陶拍，长8.5厘米，西安客省庄出土，陕西龙山文化，公元前2300～前2000年

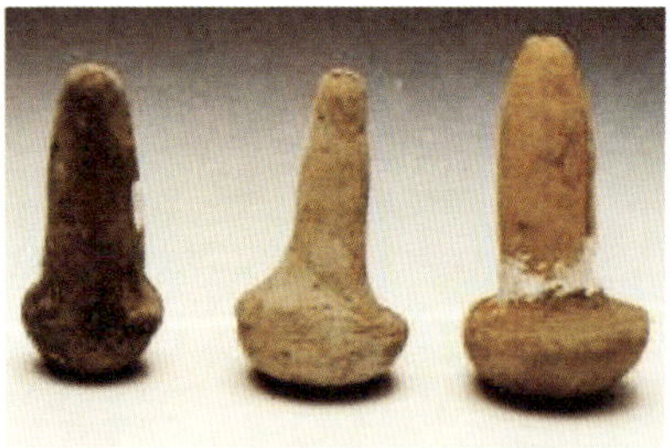

图3-4

陶垫，江西鹰潭角山商代窑址出土，商代中到晚期，公元前15～前11世纪。用以垫高陶坯使其不接触地面

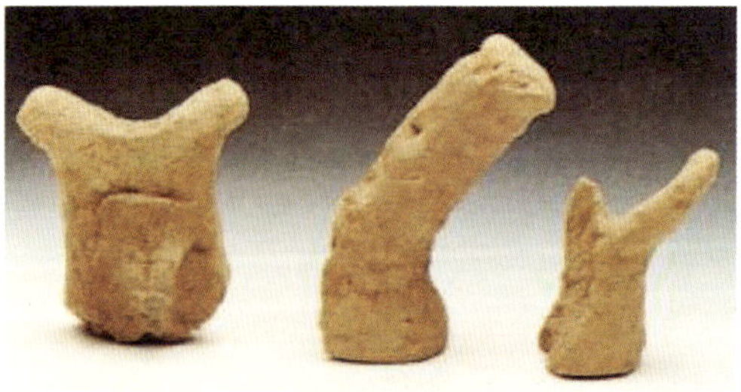

图3-5

陶支座，江西鹰潭角山商代窑址出土，商代中到晚期，公元前15～前11世纪。用以垫高陶坯使其不接触地面

土 tǔ ＝ 土

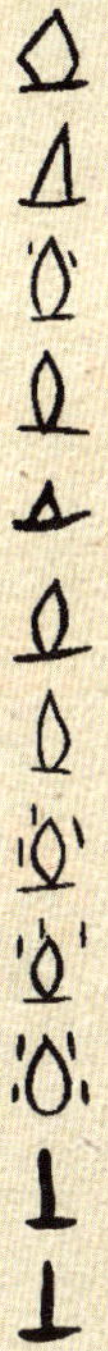

一块可塑造的黏土。

有些画成上下尖小而中腰肥大的土堆形。

有的字形还加上几点水滴。

匋 tao ＝ 匋

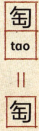

一人以陶拍制作陶器之状。

为什么甲骨文“具”字和鼎的使用有关

从图3-6这件陶器破裂成多块的情形来看，可以判断它的质地不是很坚实。这件器物出自华北新石器时代最早期的遗址之一，这个时期以河南新郑的裴李岗遗址为代表，称之为裴李岗文化。碳14校正年代可早至公元前6000年。裴李岗遗址的所在地高出现代河床约70米，早期的文化层不厚，因此估计延续至大约公元前5500年。这时的生产水平已经脱离农业的初期阶段，很可能是华南的人们因为气温急剧上升，北上前来寻找气候适宜定居的地区，并带来农耕的知识。考古学家不但在遗址中发现碳化的小米，也发现到谷物加工的石磨棒和磨盘。这个遗址的人们居住在圆形或方形的半地下式穴居，面积约为圆径2.2米至3.8米之间，屋子里头有烧煮食物的灶址，大都设在门口的地方。

这个时代的灶，其实只是一处专门烧饭菜的地方而已。图3-6这件有三只脚的烧食陶器，名称为鼎。其他可用来盛装的陶容器包括：

可以用来表示『圆』字意义的陶鼎

图3-6
三足红陶鼎，裴李岗文化。高14厘米，口径17厘米，河南舞阳贾湖出土。约公元前5800年

敞口深腹罐、圈足碗、圜底钵、小口双耳壶等，都是用手捏制而成的。大型的器物使用泥条盘筑法制作：用手把黏土搓成长条状，一圈圈围成器物的形状，再用手抹平表面。使用横穴式的陶窑烧制陶器，烧结的温度约900 ~ 960摄氏度，以氧化焰烧成，有红褐色砂质陶和泥质陶，罕见灰陶。陶器的质地疏松，不见有彩绘装饰。此时由于生产力不高，随葬品一般也不多。

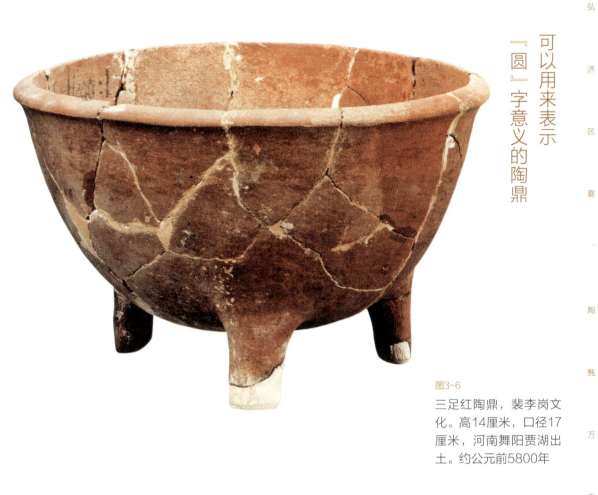

图3-6这件鼎的质料是陶土，后来也有用金属甚至玉石来制作的。用水煮食的演进过程，最先是烧热石卵，然后放进容器里头，透过水来传递石头的热度，慢慢把食物烫熟。后来发现陶器有传热的功能，于是改良烹煮的方法，用火从外头烧烤陶器中的水。一开始是架设几个石块于锅底，把陶锅平衡好，后来才进一步改良，设计了陶制的支脚，最后为了一劳永逸，就把陶鼎的支脚连接于器身，从此固定了鼎的形制。

陶鼎底下的支脚如果太短，会造成空隙太小，在锅子下面起火烧煮食物，就变得很不理想。距今7500年前，支脚开始设计得比较长，让人容易在支脚下的空间添补木柴，生火烧食菜肴变得比较简便。但是周代之后，鼎又兼有陈列器的作用，所以支脚不需太长，因此又产生了一些支脚非常短的鼎。

从陶鼎刚开始使用到周代的七八千年间，中原地区一直保持“以鼎炊煮”食物的习惯，所以甲骨文“具”字字形  ：是双手自鼎上提起或从下捧举一个鼎的样子。因为家家户户都是清早就要准备烧饭的器具，所以具有“准备”“配备”的含义。

制作圆形陶器要比制作矩形陶器容易，因为圆形陶器的外形比较规整。若要讲求放置时的稳定，器具至少需要三只脚。如果器物的支脚过多，会不容易取得平衡，也减少了添补柴薪的空间，所以一般都是制作成三只支脚的形式。到了使用金属铸造器具时，才有因为讲求变化而铸成矩形的鼎，也因为要顺应矩形的形状及平衡的需求，而铸

图3-7

红陶罐，高34.2厘米，口径12.8厘米，河南舞阳贾湖出土，公元前5800年

图3-8

红陶折肩壶，高17.5厘米，口径4.5厘米，河南舞阳贾湖出土，公元前5800年

作四只脚的鼎。一般的鼎是圆形而且三只脚，所以“圆”字的字源“员”字，其甲骨文就用一个圆圈和一座鼎来表示。

鼎本身就是一个烧食的灶，它可以被移来移去，不受限于一个固定的地点。晴天在户外煮食，雨天就能搬进屋子里使用，所以即使后来屋子的面积加大，可以把火膛设在屋子里，使用鼎烧食的必要性仍然存在。一直要到汉代构筑大型的竖灶，鼎的支足才成为多余的设计，又恢复成8000年前锅子的形状。铜制的鼎很重，器具的表面也滚烫，不能用空手提起，所以在铜鼎的口沿上铸有一双对称的立耳，这一对立耳的上面钻有孔洞，方便让人们穿过棍子后再抬起来。陶鼎的重量轻，可以轻易捧起来，所以一开始没有设计器耳。大概是受到铜鼎有立耳的影响，陶鼎后来也增加两个提耳的设计，但因为陶土质料比较脆弱，不能把提耳设置在口沿上，所以就安置在鼎的两旁。

具 jù = 具

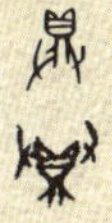

双手捧着家家户户必备的烧食用器。

员 yuán 圆 = 員

鼎是有支脚并可以烧食的容器。鼎以圆形为多，表达圆的形状。

鼎 dǐng = 鼎

圆腹或方腹，有支足的煮食器形。

彩绘陶钵的技巧从何时开始

三足的红陶钵是华北新石器时代早期遗址里常常见到的器物，分布范围相当广，河北、河南、陕西、甘肃等地都有三足红陶钵出土。它们的文化面貌稍有不同，分别被称为磁山、裴李岗、李家村、大地湾文化四个类型。这一广大地区的共同点是遗址的面积普遍不大，在1万～2万平方米之间，或者更小。文化层也较薄，大致是50～100厘米的堆积，遗物不多。农业已居于生活的主导地位，种植小米，驯养猪、狗，但渔猎仍占有一定的比例。陶器的制作方式比较原始，手工制作，烧结火候低，约700～930摄氏度，陶质疏松，器形简单，多为三足

图3-9
三足褐红彩红陶钵，李家村文化。口径33.4厘米，陕西华县（今渭南市华州区）老官台白家村出土，约公元前5000年

最早的陶器彩绘

钵、圜底钵、圈足碗为共同的特征。

图3-9这件红陶钵属于李家村文化类型。李家村文化为仰韶文化的前身，分布在陕西南部汉水上游地区。年代约从公元前5500 ~前4800年。三足钵与三足鼎的区别在于钵的腹部浅而鼎的腹部深。

早期的陶器以氧化焰烧制而成，铁是地球上第二多的元素，陶土一般含有相当分量的铁元素，烧制时，陶土中的铁质就会和空气中的氧化合成氧化铁，氧化铁的呈色为红色。如果是在烧制的后期让陶窑产生缺氧的情况，譬如说，封闭窑顶的通口，并使水渗入，就会把陶器中氧化铁的氧抽出来，陶器就会还原，然后变成灰色。这种现象叫还原，气氛（atmosphere）叫还原焰。还原焰的烧制技术比较复杂，也较为先进，烧出的陶器硬度比较高，比较耐用，所以时代越晚的遗址，出土红陶的比例渐少，灰陶增多。“陶钵”本来是用来称呼无足的器形，有支脚的器物就称为“鼎”。但是图3-9这一件陶器的支脚短又细，器底也没有烧烤过的痕迹，显然不具备烧煮食物的用途，所以就称之为“钵”。这件陶钵的形制一般，腹部用绳子压印上花纹，这种装饰也是常见的手法，但是在器口外沿所彩绘的一圈红色宽带，却可以称得上是中国最早的“陶器彩绘”的实例。美化是脑力活动的具体表现，越文明的社会越讲究生活中的美化与舒适。人们因为实用的目的而烧造陶器，随着生产技术提升，不但改良材料的质量、生产的方式和器具的形状，也开始尝试美化器具的外观。自然界存在着有颜色的矿物，人们发现某些有颜色的矿物磨碎成粉再加上水之后，可以持续黏在器物上一段期间，能增加视觉上的愉悦，于是就产生了涂绘的装饰手法。

早期人们直接在器物表面上涂绘，但是陶器的表面粗糙，甚至有小孔洞，会影响图画的质量，于是就有人想到使用白色的细泥，涂抹在器物的表面，也就是所谓的“白衣”，这样一来，陶器的表面就会非常光滑，彩绘起来也比较顺畅，而白色与红或黑色图纹的对比更为鲜明，效果更好，于是就大量使用这三种颜色的彩绘。后来人们发现彩绘后再烧烤，会产生彩色不容易褪色的绝佳效果，这个技巧便成为早期陶器装饰彩色的唯一方式。到了商代，才发展出“上釉彩”的方法。

仰韶文化早期，陶器彩绘所占的比例还是相当少，以黑彩居多。到了仰韶文化中期，就盛行先加白衣或红衣，然后再涂绘上纹样，甚至也有一个器物涂绘两种彩色的情形。从分析的结果，得知红颜料用的是红色的赭石，以含铁较高的红土烧烤后，会成为黑色，白衣则用含铁量很低的白瓷土。

与烧食法有关的“庶”字

图3-10这件带有三只“鞋形陶支脚”的陶盂是磁山文化常见的煮食器物。磁山文化是华北新石器最早期的文化形态之一，其他三个类型是河南裴李岗文化、陕西李家村文化和甘肃大地湾文化。武安磁山地处太行山脉与华北平原的交界处，是在洺河旁的河阶地，遗址高出现代河床25米，经过碳14年代测定，为公元前5400 ~前5100年，经过树轮年代校正，可以往前再推600年。华北这个时代的经济面貌大致都一样，经营定居的粟作（小米）农业，家畜有猪、狗、鸡，也有渔猎的辅助性活动。经营农业的具体表现是谷物加工的石磨棒与磨盘，还有用来破土的扁平石铲、椭圆形石斧、石锛、收割谷物的石镰等。

遗址发现的主要器具是陶制品。多是用手捏制而成，主要为夹砂红褐陶，其次为泥质红陶。陶土里夹砂主要是为了烧煮食物时传热快，可以想见，此时陶器尚偏重烧饭的需求。烧成的温度变动颇大，在700 ~ 930摄氏度之间。陶器大都素面，带有纹饰的只占三分之一，非常少见彩绘，推测此时人们还较少顾及美化生活。到了六千多年前的仰韶文化时代，彩陶就稍微增多。再到距今五千至四千年的马家窑、半山、马厂等文化时，彩绘就成了普遍的装饰手法，当时还会使用压印、堆砌、刻画等方式来增加陶器的美观。这时素面的陶器已经很少了，反映出生活的质量愈来愈受到重视。

图3-10这件椭圆直筒状的陶盂，提示流行了七八千年鼎形烧食器成形的可能过程。可以想象，最原始的烹食方式是把肉块直接放在火

图3-10

线刻弯曲纹红陶盂（带三陶支脚）。盂高16.5厘米，支脚高12.5厘米，河北武安磁山出土，磁山文化，约公元前5000年

图3-11
筒形三足压印纹红陶罐，高40厘米，白家村出土，公元前5000年

图3-12
绳纹圈足红陶碗，口径26厘米，陕西渭南市华州区老官台白家村出土，公元前5000年。西部少见的圈足器

上烧烤，但这种方法不适合用来烹煮蔬菜。有些氏族社会，例如台湾地区的阿美人，他们外出打猎时，由于无法携带容易撞坏的炊具，便会采用一种石煮法：阿美人猎人先选取槟榔或椰子树的大片叶子，折成舟船形状，用来盛装清水及鱼、肉、菜蔬等。然后捡取小石子，洗干净之后，再用火烧烤石子。最后用竹箸挟取烧热的石子，放进船形的容器中，通过水传递石头的热气，慢慢把食物烫熟。这种煮食的方法可能表现为甲骨文“庶”字：火烧烤石块的样子。这种缓慢的烧食法需要使用很多石子，所以“庶”字有众多的意思，以及“为数甚多的平民大众”等引申义。有些地区，甚至日常也使用这种方法，在树皮制成的筒中煮食，例如东北地区某些氏族，他们会把烧热的石子放进树皮制的直筒中烧煮食物。

为了能有效利用火力，烧食的器具大都是有弧底的。但是图3-10这件陶盂却是平底直筒状，可以推测，这个造型来自树皮制的筒子。这件器具已相当先进，使用这件器物的人们已经领悟到从陶器外侧加火，使用起来比较便利，不必烧烤那么多数量的石子了。推测使用陶器来烧煮食物的过程，大致一开始时是以石煮法在陶器中烧食，后来发现陶器也有传热的功能，于是改良用火从外头烧煮陶器中的水，烹煮食物。人们很快又发现陶土如果渗入细砂，就可以加速传热，之后便大量使用间接的陶器煮食方法。

从这组陶器，我们可以想象其使用方式。人们最早是先把陶器架在几块石头上，然后在陶器下方的空隙处烧焚柴薪。后来不再放置石头，改良成为陶制的支脚，之后再进一步改良，把支脚连接于器身而成了鼎的形式。直筒容器的受热处只在底部，不能充分利用火力，于是又发明了圜底有支脚的容器，就变成正式的鼎形器了。我们梳理烧煮用陶器的发展史，可以看到先人生活的演变与他们的智慧。

庶 shù = 庶

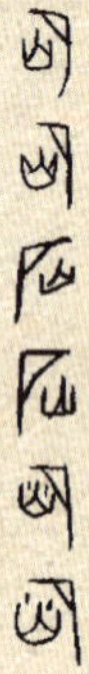

用火烧烤石块，准备把滚烫的石块放入容器中，以便烧煮食物。

象征丧葬习俗的彩绘陶盆

大口的陶盆是仰韶文化常见器物，图3-13这件盆的底部平而略小于口，腹部略微外鼓，口沿貌似“外伸的卷唇”。陶盆一般用来盛水或盛装食物，但是这个陶盆的造型甚大，制作很讲究，不像是一般的家庭日常用品。使用经过多次淘洗以后的细泥为原料，以八九百摄氏度的氧化焰烧成红陶后，再使用黑色的颜料，涂绘图案。从图3-13来看，好像烧成后还先涂抹一层红色的陶衣，然后才彩绘。盆内所涂绘的图案因为没有经过火的烧结，属于可溶性，所以不便用来盛装液态的东西，甚至是固态的食物。这件陶盆出土时覆盖在一位女性孩童的骨骼上，这是一种“二次葬”的现象；所谓的“二次葬”，是指埋葬尸体于地下若干年以后，捡拾化成的白骨，然后把白骨安置在一个容器内，再次埋入土中。这种习俗常见于新石器时代遗址。不久前，台湾地区还保留这种习俗，有人称之为“洗骨葬”，因为骨头可能还附有未完全腐烂的肉，要加以清理才能再次埋葬，好像是在清洗骨头的样子，所以称作“洗骨葬”。

这件陶盆的内壁有两组图案，都是一尾鱼、一个神似人面和不知名的三角形（边缘有细毛）组成的怪异图案。这个怪异图案很不寻常：中间圆形的部分像图案化的“人脸”，两个横短线像是表达“闭起来的眼睛”，两眼中间的线条像是“鼻子”，鼻子下则为“嘴巴”，而眼睛上一高一低的半圆形像是“头发”。头发的两侧各有一尾鱼连接人面，嘴外侧各有类似鱼的菱形线条（带细毛而不对称），圆形的头上又有一个三角形，三角形的两条边毛茸茸的。这个令人难以忘记的图案如果只是偶然出现，我们就可以忽略，而不必太慎重思考它代表的意义。但是在半坡类型的遗址中，有类似图案的陶盆已发现十余个。这个图案在当时的社会必然具有特定的宗教意义，人们才会不嫌麻烦，精心制作这件二次葬礼使用的大容器。

多位学者对这个图案做了多种不同的解释，有人以为它描写“古代文身黥面的习俗”，有人以为“反映某种普遍流传的神话神物”，有人以为“施行期望丰收的巫术”，有人以为是半坡文化的“崇拜图腾”，有人以为是种施行“驱鱼入网的巫术”，或是对“生殖后代的祈祷”。到底谁的解释较为适当？由于我们离开古代已经很久了，文献的资料又极为缺乏，似乎也都没出现特别有力的证据，要选择确切的答案真

与葬仪有关的怪异图案

图3-13

红衣黑彩人面鱼纹细泥红陶盆，口径44厘米，高19.3厘米，陕西临潼姜寨出土，半坡类型，约公元前4000年

是不容易，只好暂时在心中存疑了。

至于彩绘的涂料，有些是放入陶窑之前就先涂抹，但大部分都是陶器烧制以后才涂绘图案。红色的彩绘可能是含氧化铁的赭石。赭石在古代算是珍贵的矿石，当时的人也会拿赭石磨成粉，撒在尸体的四周，代表流血释放灵魂的葬仪。此类的陶盆也常在底部凿出一个小孔，有学者认为这个小孔与“释放灵魂的信仰”有关。仰韶文化的红色彩

陶只占很小的比例，在当时这件陶盆可是一件非常贵重的物品。只是一位小女孩的葬礼就使用如此昂贵的葬具，而且有丰富的随葬品，反映出这个小女孩的身份十分特殊。仰韶文化还处于母系社会的阶段，母系社会的特征是没有一男与一女的对等婚姻，孩子只知其母而不知其父，子女由母亲来养育，继承者也是女性。这个只有三四岁的女孩享有特别高贵的葬仪，可能不只是因为母亲地位崇高，在伦理上，她本身也应该拥有极高的社会地位。

死 sǐ ＝ 死

1 

2 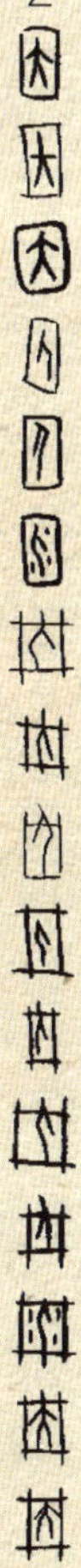

1 字形一：一人跪拜在朽骨的旁边，头低垂，似乎有哀悼的意味。

2 字形二：人的尸体以不同的姿态放置在棺中。尸体旁的小点点，可能表示随葬物品或朱砂一类，代表『血』的红色东西。

文 wén ＝ 文

一个人的胸部上刺有花纹，古代丧葬的美化仪式。

甲骨文“中”字与姜寨的小区机制有关？

图3-14这个盆的内壁使用黑彩绘画，有两组颇写实的连续图案，每组都是“两尾鱼”与“一只类似蛙的爬虫”，但图案的设计有些变化，颇为用心。类似蛙的身体近乎圆形，头部宽扁，纤细的四脚弯曲而向外伸，像是要爬出盆外的样子。头部点上两个大眼睛，身上布满二三十个小点，看起来像蟾蜍的皮肤，但四脚很纤弱，不像蛙类或蟾蜍的后腿粗大。也许绘图的人并不在意百分之百写实，只要图像表达的形象不被误认就好了。两尾鱼则头部朝向同一个方向，腹部相对，背部都有四道背鳍，但是鱼身却不用小点填充的手法，而是用浓淡对比的黑彩，画出有厚度的感觉。从不一样的表现技巧，知道绘图的人不是机械地把图形画出来，而是经过一番规划和思考。陶盆的口沿还有三条平行线与一个三角形相间排列，围成一周的黑彩。

这件陶盆的造型与彩绘风格颇近似西安半坡遗址的彩陶，都属于黄河中游地区新石器时代文化，是同一类型的仰韶文化器物。

写实动物纹出现后就进入定居的农业生活

图3-14
鱼蛙纹红衣黑彩细泥红陶盆，半坡类型。高12.8厘米，口径30.4厘米，陕西临潼姜寨出土，西安博物院藏，约公元前4000年

仰韶文化因为初见于河南黾池县仰韶村而得名，出土陶器中有一定数量的彩陶，在当时是首见的例子，因此统称为彩陶文化。此文化持续甚久，经过树轮年代校正的碳14年代测定，约自公元前5000～前3000年间。关中地区的文化约可分四期，半坡类型从公元前5000～前4500年，史家类型从公元前4500～前4000年，庙底沟类型从公元前4000～前3600年，西王村类型从公元前3600～前3000年。

西安半坡和临潼姜寨是半坡类型的两个代表遗址。出土物有百分之九十是陶器，陶器以泥质红陶和夹砂红陶为主，偶尔有彩绘。彩绘常见于泥质红陶器，以“黑彩涂绘几何图案动物花纹”环绕外壁上部。动物纹常见鱼、鹿、羊、蛙，想必是当地常见的物种。还有所谓的植物纹，中国古代少见植物纹，看起来倒像是对称的几何图案。半坡文化的写实动物纹，在以后的遗址甚少见到，学者认为这是由于图

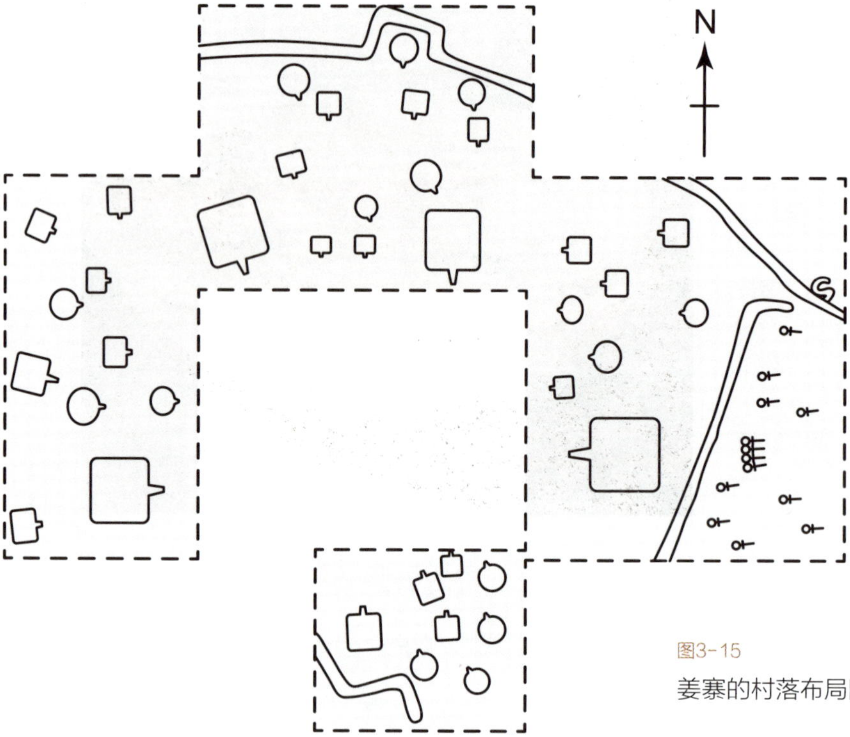

图3-15
姜寨的村落布局图

案变成几何图形了。夹砂红陶则是以“拍印绳纹”为主。当时已进入农业社会，主要经营粟作农业，人们过着定居的生活，家养猪、狗等牲畜。

姜寨是个规模相当大的“小区”，面积约有5万平方米。目前已发掘出1.6万平方米，为半坡类型的最大聚落。年代约自公元前4600～前4400年。遗址分居住、陶窑、墓葬三个部分。

居住区，南以河为天然屏障，东西北三个方向围以壕沟，面积约1.8万～1.9万平方米。一百多座房子分为五群，每群都以一座大房子为主体，门均朝向中心的广场。

居家分地穴、半地穴与地面三种建筑，形状结构有方或圆形，大者达80平方米，一般为20平方米。很明显，这已经是一个密集居住的小区，有组织，阶级分明。

壕沟外，陶窑在村西，墓葬在村东，区分井然。甲骨文有“立中”的卜问，可能是在小区的中心点设立旗杆一类的指挥机制，一旦发生事故，可以用升旗的方式，让大家了解情况或召集人员，所以甲骨文“中”字有些画上了旗子，有的没有。可以推测，很可能这个小区的中心广场就有这样的机制。

中 zhōng = 中

插旗于中心点，后来省略旗的部分。中央是制临四方的最佳地点，所以传达信息的旗子应该竖立在中心处，这是竖立旗帜的一贯地点。

从甲骨文“酒”字的发明，看专门装酒水的陶瓶

由于酒会蒸发，关于中国开始酿酒的时代，很难找到直接的证据。一般会从古人使用的器具间接加以推论。而盛水与盛酒容器的造型有基本上的差异。6000年前的仰韶文化，主要陶器有盆、钵、罐、瓮、瓶、釜、甑等大口的容器，没有加上防止酒味挥发的设计，可以说都是属于水器和食器。到了距今4000年的龙山文化晚期，才产生了尊、罍、盉、高脚杯等陶器，这些容器与后世酒器有同样的形状。学者认为这时候才出现了酒的酿造。

像图3-16这件陶器的小口、尖底、双钮或无钮的大型红陶瓶，是仰韶文化常见的出土物，一般认为它是汲水的用器：绳子穿过两个半圆的钮，放进水里时，瓶子就会倾倒，而水就会很快灌满瓶子，然后

可以背负或提携陶瓶回家。但是，这些尖底陶瓶有些是没有钮的设计，无法使用绳索，那要如何把陶瓶放进河中汲水呢？所以这种说法还有进一步思考的空间。

甲骨文“酒”字：一个酒尊以及溅出的三滴酒液。有些字的酒尊部分就像图示的小口形状。文字里的“酒尊”都描写成“细长身的尖底”形状。但是商周遗址出土的装酒大型容器都是平底的。这是为什么呢？大概不会有人从甲骨文“酒”字联想到仰韶文化的窄口尖底瓶吧。因为学者一向认为中国要到龙山文化时代才开始酿酒，仰韶的窄口尖底瓶是盛水器具，两者不会有关联。然而仔细观察古代从欧洲运往北非的葡萄酒，盛装的容器竟然和仰韶文化的尖底陶器有绝妙的相似度。“窄口”的设计是为了容易用盖子塞住，防止液体外泄，“细长的瓶身”是为了让人们或家畜在运送时方便背负，“尖底”的设计则是为了便于人们用手把握与倾倒。为此，陶瓶的“尖底”有时更被设计成“柄状”，而这竟然和甲骨文“稻”字的形状相同：装米的罐子底下有长柄的设计。稻米是华南的物产，连株带穗地运到华北将会增加运输费用，所以只取其稻米的颗粒，然后装在罐子中，“稻”字的发明可能就源于以这个用途引发的创意。南方大概以牲畜载运稻米，往北方输出，一如欧洲的葡萄酒，所以采用瘦高的罐子，用手握住尖底或长柄的部分，才能方便倾倒出里头的稻米。现在对于这种尖底陶瓶有了新的认识，那么对于仰韶文化中“小口陶壶”的功能，似乎也可以重新思考了。

可以装水酒和稻米粒的陶器

图3-16
小口尖底双系梳纹彩绘红陶瓶，用于长途运输。高46.2厘米，半坡文化，约公元前4000年

在庙底沟类型之后的文化遗址中，不见这种尖底的陶器，或者说是很少见到，可能与水井的开凿有关。在较早期的年代，水要从远地的河流汲取，然后再运送回家，所以陶器上加了两个圆钮的设计，方便人们系绳背负。后来有了牛马家畜，可以用竖立的方式安放在牛马背部的两侧，由家畜来背负陶器，不必再穿过圆钮来系绳子，一如游牧民族的辽、金时代，制造了一款有细长瓶身的陶罐，超过半米高，用来装运水酒，这种陶罐的设计方便马匹负载。等到人们晓得挖井取

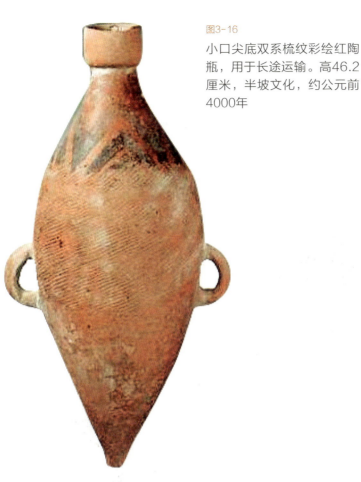

图3-17

刻符彩绘红陶钵，口径34.2厘米，姜寨出土，约公元前4000年

图3-18

鱼鸟纹彩陶葫芦瓶，高29厘米，姜寨出土，约公元前4000年

图3-19

几何纹彩陶壶，高22.6厘米，河南陕县（今三门峡市陕州区）庙底沟出土，约公元前4000年

图3-20

三角纹彩陶壶，高10.7厘米，腹径13.3厘米，宝鸡北首岭出土，约公元前4000年。口径非常细小，有可能装酒，一般以为龙山文化时代才普遍饮酒

水，就在住家附近开凿水井，再也不必从远地运水来，所以也不需要这种造型的水器了。商代遗址不见这种瓶子，可能是因为它们是商业营运用的运酒用具，所以不见于墓葬与一般家居的遗址。甲骨文“酒”字还保持了一千年前的器物形状，也反映商代的文字可能已经历了千年以上的岁月。至少在距今四千年前，中国就有了以象形、会意手法表达意义的文字了。

图3-21

指甲掐纹红陶壶，高15.8厘米，腹径13.3厘米，半坡出土，约公元前4000年

图3-22

仰韶陶钵底部布纹印痕。细线径0.04厘米，为织布证据。依《中国史稿：1-66》每平方厘米经纬各十根。距今5000年的钱三漾遗址曾出土经纬线20×20、16×16、30×20根的苎麻布

酉 yǒu ＝ 酉

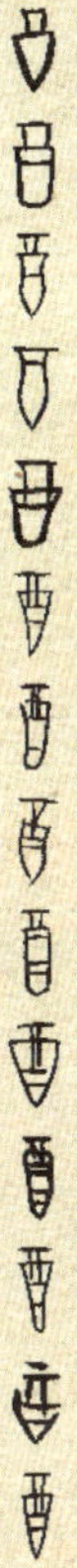

窄口、瓶身细长的尖底酒罐。

酒 jiǔ = 酒

窄口大腹的酒尊，旁边画着溅出来的三滴酒液。这种酒尊适合长途运输。

米 mǐ = 米

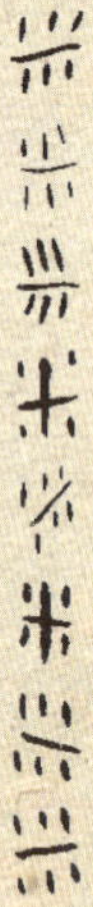

米粒的形状，中间加一横，以便与其他小物体区别。

稻 dào = 稻

米粒及储藏谷物的米罐。

甲骨文“尸”字与装有人骨的陶缸

图3-23所示这件敞口、圆唇、深腹、平底的大型彩陶缸，材质为夹砂泥质的红陶。砂子有导热的功能，一般见于烧煮食物的器具。这件大型的陶缸，没有装设支脚，也没有设计可以悬挂的部位，很可能是个盛水的用器，但盛水用具又不宜使用夹砂来烧造。从出土时的状况分析得知，我们知道它是成人“二次葬”的葬具，因此夹砂的选择可能是为了节省材料。“二次葬”又称为“洗骨葬”，把化成白骨的骨头重新整理并埋葬。尸骨被整理成有如“蹲坐”的姿势，此时才算是真正的死亡。中国以小孩蹲坐代表祖先，称之为尸。“尸”的甲骨文代表的是一个人蹲坐的形象。

陶器外壁上的特殊图纹，与这一地区常见的装饰图案非常不一样，格外引人注目。图案的内容是一只口衔一尾鱼的鸟，和一把装柄的石斧。这只灰白色的鸟儿颇为肥胖，长喙短尾，睁大着眼睛，伸颈直立，口衔一尾鱼。此鸟被辨识是《诗经·豳风·东山》“鹳鸣于垤，妇叹于室”[①]的鹳鸟。鹳鸟善于捕捉鱼类，和陶器上的图案非常相似。鸟的旁边非常细致地描画了一把“竖立的短柄石斧”。

画中石斧的握柄显然表示“精细加工过的木棒”。在捆绑石斧的地方有两处具有共通点：两道横线中画有两小点，而石斧上也有一个孔洞，大概是指木棒上可以装石斧的“凿孔”，以及利用石斧上的孔洞，用来穿绳子，然后在木棒上捆缚木柄的细节。在木棒的末端有一段菱形墨线，可能是表示“用细绳缠绕木棒，增加手拿木棒时的稳定性”，一如铜剑的把柄铸有两道凸箍，用来方便缠绕绳索，以便于把握一样。在墨线下有比木棒略为粗大的方形物，应该和浙江良渚文化的“变白玉钺”的端饰具有同样作用：当用力挥舞时，可防止玉钺从手中甩掉。

图3-23这件陶缸的图案不但画面生动，着色也非常考究，此缸满布着褐红的彩色，它与氧化焰烧成的橙红色不一样，应该是涂抹上去的。如果再比照其他彩陶的装饰手法，这件陶器大致是先上一层白衣，

①这首诗描述一名出征之人解甲还乡，途中有感而发，抒发自己的思乡之情。这两句诗是指白鹳在丘上轻声叫唤，出征之人的妻子在室内叹气。

陶缸上的石斧象征权势

图3-23

鹳鸟衔鱼石斧纹白衣褐红、黑两彩夹砂泥质红陶缸。口径32.7厘米，高47厘米，河南临汝出土，公元前4000～前3000年

图3-24

人头形红陶壶，高23厘米，河南洛阳出土，公元前4000～前3000年。陕西西安半坡博物馆藏

图3-25
陶鸮鼎，高23.3厘米，陕西华县（今渭南市华州区）泉护村出土，庙底沟型，公元前3000年。器形简单而鲜明，艺术手法高超，媲美红山文化的鸟形玉雕饰

然后预留鹳鸟、鱼、石斧的轮廓，然后再涂抹上褐红的彩色，最后画上黑彩的细部纹饰。这是经过精心设计的成品，应该把它看成是一幅古代非常杰出的画作，而非只是陶器上的装饰图纹而已。

创作这幅画的动机何在？恐怕不是我们今天能够猜测到的。由于此缸出土时，里头有人骨，所以有人以为鹳鸟是死者所属氏族崇拜的图腾，具有保护死者灵魂的功能。不过，在古代的传说中，西部的氏族以大型哺乳类动物作为崇拜对象，东部的氏族才会以鸟类为图腾。对于这个世间只有一见的鹳鸟图像，是否可视为普遍被西部氏族所崇拜的对象？虽宜存疑，但那把精制石斧的主人肯定非常有权势。

在人类活动的历史上，石斧是历时非常悠久的重要工具，主要用来伐木，但也可以挖掘土地和敲击硬物，是每个成年男子都会使用到的器具。在旧石器时代，石料工具是以打击的方式制作而成，到了新石器时代，就用磨制的方式，可以使器形更为规则和平整，提高使用的效率，也减少手掌受到反弹力伤害的程度。在进入使用金属的时代之后，当然也会以铜、铁的材料去制作工具，其中刃面较大的，就被命名为钺。

人类进入父系社会后，钺就被选为权威的象征，因此选用玉材来制作钺，专供王者来使用；这个现象可以得到实物的印证，在浙江余杭良渚文化墓葬中，刻画有“头戴羽帽的骑者纹样”的短柄玉钺就是一个证明。

尸 shī = 尸

一个人蹲坐的姿势。因为中国古代人们在室内采用跪坐的方式，蹲踞是东方夷人的坐姿。亦为屈肢葬之姿势。

灶的发明：移动式的灶

远古时代，人们还没有专门烧煮食物的器具，所以要等到人们懂得从陶器外面烧煮食物以后，才有“架锅烧火的灶”。因此早期的灶是广义的，只是指一个烧煮食物的专用地点而已。用火来烧煮食物一定会留下炭屑与灰烬，与其到处都是灰烬，不如只弄脏一个地方。人们只要在某一个地点停留的时间稍微长些，就会有固定的烧菜做饭的地方。房子里头如果有躺卧与休息以外的空间，便会好好地架构一个灶址以方便烧煮食物，并使灰烬集中在一小片地方而不致扩散。灶的大小约略是直径一米的圆。

初期的灶，因为考虑构筑的便利，几乎都是圆形的，只有少数做成矩形。在稍低或稍高于地面的一定空间内，使表面坚硬，或用石块堆砌，使之能竖立脚架和放置锅、盆等器物就可以了。但是火在空旷的地点燃烧，热量容易流失，浪费薪柴。人们从建造陶窑、烧造陶器

图3-26
夹砂红陶釜与灶，釜高10.9厘米，灶高15.8厘米，庙底沟出土，公元前4000～前3000年

的经验中知道了火在洞窑里燃烧，不但可以节省薪柴，也可以增高温度，所以才从露天烧造陶器改进为筑窑，由长火道改良为火道直接设计在窑的下面；最理想的灶址也应该依照此原理建造。

距今五千多年前，在甘肃秦安大地湾的房子就有这种形式的灶。

其中一种，是在房子中央偏后的地方，挖有两个圆形的洞：大的直径85厘米，小的35厘米，两洞底部相通，深达60厘米。这个灶洞的构造形式与陶窑相同，只是没有中间的土箄而已。小的洞正好可以放锅子，大的洞除容纳一个人之外，空间还绰绰有余，可以推测这应该就是烧柴的地点。而且洞壁的一角还有一个放陶罐的洞，那是用来存放火种的。这种方式的灶虽然节省薪柴，但烧饭的时候需要上下攀爬，也许人们认为很不方便。而且屋中有两个大深洞，也有掉落进去的危险，所以并不实用，在遗址中出现得很少。这种原理的灶如果建在地上，就很理想了，所以汉代以后大大流行，几乎成为唯一搭建灶的方式。

图3-27
几何纹褐红、黑两彩白衣红陶钵，口径21.5厘米，郑州出土，公元前3000年。河南省郑州博物馆藏

图3-28
旋涡纹红、黑两彩陶钵，口径40厘米，泉护村出土，公元前3000年

变通的办法就像图3-26所示这一件可移动的灶。目前所知，年代最早的陶灶有两件是距今6000多年前的，形式稍有不同。浙江余姚河姆渡出土的灶，壁上有三个突出的小瘤，围成37厘米的圆径，可以作为支撑点，放置一个锅子，前端还有个斜坡可以放置薪柴，以便烧火。河南濮阳出土的灶，则与后世的直筒型炉灶一样，具有同样形式，在灶膛上有三个可以架锅盆的突出物。

这些立体式的炉灶轻便，可以移来移去。天气好时在户外使用，可免去在屋里蒙受烟熏之苦；下雨则在屋内使用，也可让灰烬不接触地面，保持地面的干净。可以说，这种灶利多于弊，但不知为何，这些活动式的炉灶出土得很少，并不常见到。到了汉代，人们才普遍采用这种移动式的灶，汉代人也开始建构大型的竖灶。或者，也有可能古时生火不容易，需要有个地方保持火种，随时可以引火，所以灶址最好设在室内的固定地点。

陶灶大多是使用夹砂的材料烧制，因为砂粒利于传热，所以夹砂陶器有耐热、不易破裂、传热快等好处。古代如果不流行使用炉灶，那会使用什么器具去煮食物呢？答案是“鼎”。鼎算是一种有脚的锅，可以在底下生火而兼具灶的功能，所以成为汉代之前最重要的烧煮用器。

炉 lú = 爐

一个有支架的炼炉，有的还装有鼓风橐，也可以用来烧饭。

古时由男性养成梳妆头发的风潮？

图3-29所示的这件陶器保存得相当完好，器口制作成“留短发的人头形”，眼睛和鼻孔都作透雕的形式，鼻子呈蒜头形，鼻翼鼓起，嘴微张开，显得非常有活力的样子。两只耳朵各有一个穿孔，那是佩戴耳饰的孔洞。这件优秀雕塑作品的发型为我们提供了探索古代习俗的空间。这件陶器刻画着很具体的发式，前额上自然下垂着一排整齐若刘海的短发，后脑的头发也同样下垂，而与耳垂平齐，显然是经过仔细修整的结果，不是头发自然长成的形象。

头发除了隔绝冷与热的作用外，还有其他社会功能。佛教认为它表现俗世的欲求，需要剃掉它，以示隔绝世俗。有的宗教却要留长头发，以方便让神灵抓上天去。在中国，有些铜器上的纹饰为“两手捉

发型跟工作男女的关系

图3-29

人面形器口红衣黑彩细泥红陶平底瓶。高31.8厘米，口径4.5厘米，甘肃秦安出土，约公元前3000年

图3-30

人面形口沿圈纹黑彩红陶壶，高22.4厘米，口径5.5厘米，乐都出土，马家窑类型，公元前3000~前2000年。青海省文物考古研究所藏

住蛇的巫”，巫本身留有非常长的发辫，或许也有类似的用意。其他或以发型表示年龄、婚姻状况、阶级地位等，都可以在很多社会找到实例。

现代妇女比男人花更多的时间装扮头发，以增添其美丽的容貌，所以一般认为处理头发应该是基于美容的原因，并且始自女性，但事实恐怕不是这样。在动物中，以人类的头发长得最长，如果不加以修剪，大部分男女的头发都可以长过腰际。一旦头发松散下垂，就没有办法插上头饰或其他饰品，也就无法用饰品装扮出好看的外貌。且如果让头发无限制地生长，就会妨碍人们工作，因此必须想办法处理好头发，不让头发变得碍手碍脚。当人们不只从树上采摘果实，或是在地下挖块根，而开始要追逐、捕捉野兽时，就有了束发的习惯，以使头发不妨碍视线与工作。束起头发之后，就可以加插装饰品，于是可能产生修饰与美容的动作。

起先人们整理头发是基于工作的需要，这点还可以从一些后世的风俗得到印证。日本在战国时代（公元1482 ~ 1558年）以前，不论身份高低，女性都顺其自然，梳妆为一头长长的垂发，还用油脂的东西把头发梳理得乌亮。后来身份低微的人，为了应付繁忙的生活，感到松散而垂长的头发多少会对工作造成不便，于是有在劳动之际才束发于脑后的习惯。这种习惯渐渐为一般人所接受，于是开始普遍结发，再加上受到歌舞伎装扮的影响，演变至梳成各式各样复杂的髻。所以束发最初应该是为了工作的需要，后来才发展成为装扮的目的。

动作剧烈的工作都由男子从事，因此束发也很可能始自男性，而不是从女性开始。

这件塑像的制作年代大约在进入阶级分化的时期，社会开始要区分不从事劳动的贵族和劳动的大众。不从事劳动的贵族就算穿戴不便工作的长衣与佩玉，影响也不大；贵族也没有必要为了美丽的形象而剪短头发，如果嫌头发太长，最多只要束绑起来，垂挂在脑后就解决了。但是劳动者为了追求工作上的方便，不能让头发自然下垂，就得想办法剪短头发，或把头发拘束于头顶或脑后。这位女性既然剪短头发，大半是为了劳动的原因。她很可能是服侍贵族的人员，应该不是接受崇拜的女神或贵族的形象。

图3-31

彩绘翅羽纹泥质红陶壶，高15厘米，口径10厘米，底径7.5厘米，马家窑类型，约公元前2800年

图3-32

黑彩波浪纹红陶壶，高16.4厘米，甘肃兰州出土，马家窑类型，约公元前3000～前2000年

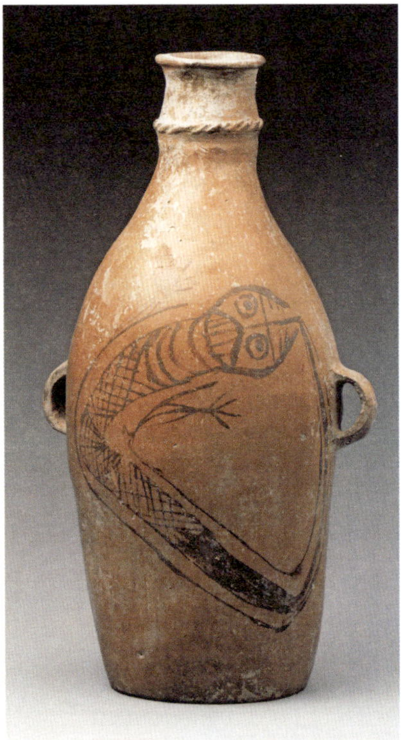

图3-33

黑彩绘虫纹红陶瓶，高38厘米，口径7厘米，甘肃甘谷出土，石岭下类型，公元前3300～前2900年

图3-34

网纹平行条纹彩陶壶，高26.1厘米，口径10.6厘米，底径8.7厘米，青海同德出土，马家窑类型，约公元前3000～前2000年

图3-35

涡纹双耳彩陶罐，高30.8厘米，马家窑类型，公元前3000～前2000年

图3-36

波浪纹彩陶豆，高16.4厘米，兰州出土，半山类型，公元前2650～前2350年

图3-37

彩绘锯齿旋涡纹双耳泥质红陶壶，高18厘米，口径9厘米，底径7.8厘米，半山类型。公元前2650～前2350年

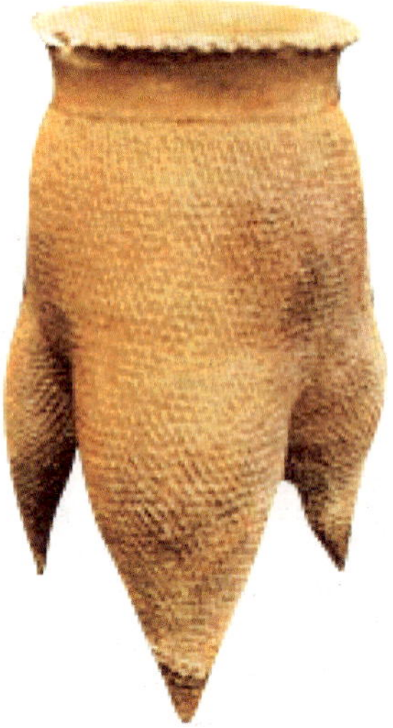

图3-38

绳纹泥质红陶鬲，高32厘米，齐家文化，约公元前2000～前1600年

图3-39

彩绘旋纹夹砂褐陶壶，高32厘米，口径14.2厘米，底径7.8厘米，辛店文化，约公元前1600～前600年

图3-40

彩绘蜥蜴纹双耳黄衣红陶壶，高15厘米，辛店文化，约公元前1600～前600年

图3-41

蟠龙纹红彩黑陶盘，口径37厘米，襄汾出土，夏前期，公元前2500～前1900年。口含枝叶，盘曲成圈，鳞甲明显。中国社会科学院考古研究所藏

图3-42

红、黑、白彩绘变形鸟纹三足陶罐，通高19.5厘米，口径9.5厘米，腹径15.2厘米，大甸子出土，夏家店下层，公元前2000～前1500年。中国社会科学院考古研究所藏

图3-43

彩绘陶壶，高30厘米，赤峰出土，夏家店下层，约公元前2000～前1500年

图3-44

彩绘陶鬲，高25厘米，内蒙古赤峰出土，夏家店下层，约公元前2000～前1500年

图3-45

压印纹红足陶鬲，高26厘米，内蒙古赤峰出土，夏家店下层，约公元前2000～前1500年

陶盆上的八角星形图是否跟文化有关？

图3-46所示的这一件细泥红陶盆，是用氧化焰烧成红色后，再应用不同的彩绘方式，完成了一组古代罕见的绚丽多彩的图案。在宽敞的口沿上，先涂抹一层白衣，然后用相间的褐彩和黑彩，涂画三角形与竖线条。在容器的外壁却先涂抹红衣，然后用白彩画上七个八角星形和两道竖线的图案，而后在星纹的外廓，勾勒黑彩。星纹内留下方形的红衣空白。白色的星纹已有些褪色，露出红衣的底色来，所以可以推测这件陶盆上色的次序。

基本上，古人认为多彩就是美丽的。在六七千年前，三色的彩画是很少见的。这些星形的图案色彩鲜明，与红衣的底色对比明显，给人深刻的印象。这件陶器的底部不施色彩，显然是因为这个部位不

陶器上的涂绘与文化的传承

图3-46

白衣褐彩、红衣黑框白彩八角星纹细泥红陶盆，青莲岗文化。口径33.8厘米，高18.5厘米，江苏邳州出土，现藏南京博物院。公元前5000～前4000年

图3-47

山东泰安大汶口彩陶豆，约公元前2900～前2300年

在人们的视线范围内，所以要节省颜料，反衬出颜料得来不易，以及彩绘的展示目的。颜料的成分，白彩主要是氧化锶、氧化铝，红彩为氧化铁，黑彩则为氧化锰。

八角星形是这件陶器的主要图纹，其构图并不是很简单，好像是含有特殊意义的创作。有人以为这个图纹代表东、南、西、北四个方向，或更进一步代表八个方向，有人以为是特殊的星座。但就目前的考古信息看，同样的图纹还见于上海崧泽、江苏吴县、山东大汶口、浙江良渚、四川大溪、内蒙古小河沿、青海马家窑等文化遗址的器物上。其地点分布甚广，不像是某处个别地区特有的图案，所以不应该与区域性的信仰或观念有关。

如果是普及的知识或概念，又会有什么意义，而必须在器物上表达呢？中国的文明，约在一万多年前萌芽于华南。由于年平均气温上升9摄氏度之多，这里不再是理想的居住区，人们就转往华北的河谷阶地以及东南海岸。会不会这个图案就源自华南的早期文化？所以在西部与东部的早期文化区域同时出现。

图3-46这件陶器出土于青莲岗文化遗址，是以江苏为中心的东海岸较早遗址，碳14测定、经树轮校正的年代为公元前5400 ~前4400年，可能与河南的裴李岗文化同样来自华南更早的文化。青莲岗文化后来的江北类型发展成为大汶口文化，江南类型发展成为良渚文化。

一件出土于山东泰安大汶口公元前2900 ~前2300年的彩陶豆的

上部，涂纹的形状和排列跟这件陶盆上的纹饰一模一样，见图3-47。相差两千年的不同地点竟然有这样的一致性，绝不能以巧合来看待，如上所言，一定是基于文化上的传承关系。

青莲岗文化的陶器种类不多，以泥质和夹砂红陶为主，制作粗糙。偶尔有彩陶，风格却迥异于中国西部的新石器彩陶。这一时期的人们

图3-48

白衣红、黑彩几何形细泥红陶盆，口径18厘米，高10厘米，江苏青莲岗文化，公元前5000年

生活以农业为主，辅以渔猎。这个地区已在长江之北，农业以粟作为主，也制作石磨盘与磨棒等用具；家养猪、鸡，而是否养牛，应该还有待证明，根据推理，应该还养狗。此时已在地面上营建房屋，面积约为20 ~ 30平方米。埋葬时，头部常用一个陶钵覆盖着，是这个地区的特色。

星 xīng = **晶** **星**

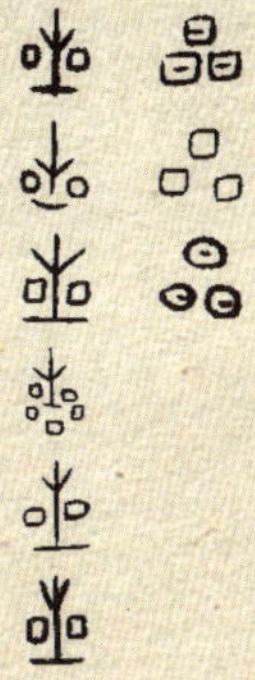

象形字：众星闪亮、簇拥的样子。

后来加声符『生』，成为星辰专用字『星』字，区别晶亮的含义。

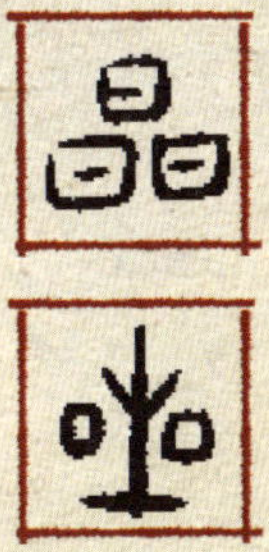

生 shēng = **生**

一株青草生长于地上。

体态肥胖的甲骨文“豕”字

图3-49所示的这件陶钵为手工成形，为平底圆角的四方形。胎质为夹碳黑陶，表面磨光。从这件陶器的烧制方法来看，可算是龙山文化黑陶的前身，是在烧烤的后期，使窑内因缺氧而产生黑烟，让陶器吸收碳素而变成黑色。这件陶器非常著名，原因在于：在陶器较宽一边的两面外壁，各刻画了一只“长嘴高脚的猪”。猪的腹部稍微下垂，四脚微微弯曲，看起来像是正在行走的样子。包括前腿的前段身躯约占全身的一半，早期家猪身躯的比例大致如此，为早期家猪的形态提供了一个很好的实例。

如何断定遗址的动物骨骸是否已属于家养的阶段？一般说来，以遗址所遗留的幼兽骨骼为依据，视骨骼所占的比例而定。幼稚老弱的兽类较少四处闲逛寻找食物，猎人也比较喜爱猎捕身躯大又肉多的壮兽，因此，以打猎维生的方式通常不会擒获或屠宰大量的幼兽，只有

七千年前的猪有长喙和高脚

图3-49

高11.6厘米，口沿长21.2厘米，宽17.2厘米，浙江余姚河姆渡出土。浙江省博物馆藏。公元前5000～前3300年

在家畜业已经相当发达的社会，才会因为某种需求而大量屠宰幼兽，或者由于人们因繁殖的习惯，才保留壮兽。还有，遗址中动物某段年龄的骨骸占有不寻常的高比例，也表示在人为有意识的选择下，宰杀特定年龄的动物，因此可以将这个时期视为已进入家养牲畜的阶段。譬如广西桂林甑皮岩一个距今至少已有8000年的遗址，发现了63具猪的躯体，年龄都在一岁半左右，显然是在最具经济利益的情况下被

图3-50

陶釜，高22.8厘米，河姆渡文化，公元前5000~前3300年。釜下有灶

图3-51

灰胎黑衣磨光贯耳陶壶，高12厘米，良渚文化，公元前33~前23世纪。有些有刻画符号，其中有具形的长柄钺图形

图3-52

灰胎黑衣磨光双耳陶尊，高12.3厘米，杭州出土，良渚文化，公元前33～前23世纪

图3-53

扁足灰陶鼎，高31.6厘米，浙江吴兴出土，良渚文化，公元前33～前23世纪

宰杀的，于是可断定那个遗址已发展到家养牲畜的阶段。再者，骨形的型态也可供参考。亚洲的野猪，其前躯占有全身七成的比例，而原始家猪的前躯只占全身的一半，现代家猪的体型则已经演变到前躯只占全身的三成。从图3-49这件陶钵上的猪纹来看，猪的前躯占全身的一半，看来是属于原始家猪的形态。

在中国，猪可能是在狗成为家畜之后，才被家养的；在距今6000年以前的华北新石器遗址，尤其是墓葬，多见猪、犬，而少见牛、马、羊的遗骨。猪不太能远行，生长又迅速，颇适合定居农业社会的需求，所以较早被驯养。中国在公元前3000年以后，野生的牛、羊、马才陆续被家养，而且牛、羊成为祭祀时的重要牺牲，不过重要性都比不上猪。牛只有拉犁耕田以及拉车的作用，饲养羊则与农业的发展有冲突，而饲养马匹多是为了提供军事及运动上的需求。其他只有猪的饲养不但不妨害农业的发展，又由于猪与人都是杂食性动物，粪便都是很好的有机肥料，可帮助农业的生产，所以猪的供肉经济价值一直保持不变，成为中国农业地区最重要的供肉家畜。

按照商周时期祭祀牺牲的品级，猪虽然次于牛、羊，但猪肉无疑已是全民最普及的肉食。商代供奉神灵时，猪有豚、豕、彘、豖等不同的名目，可以想见商代人烹饪取材时，已有不同的要求：有些时候取材肉嫩的小豚，有些时候则取用多肉、多肥的壮猪；野猪“彘”则吃起来有嚼劲；经过阉割的“豖”则是膻味比较淡。商代人对于其他的供肉家畜，就少见有这么多种的分类，因为它们已不是经常食用或一般人可以食用的对象了。

《礼记·大学》记载：“畜马乘，不察于鸡豚。”[1]战国时代以来，鸡和豚是小民所畜养的牲畜，主要是用来谋财利和充实庖厨，牛、羊则是贵族祭祀时所需要的牺牲，而马匹最主要是为了军事上的需要而被饲养。

①《礼记·大学》记载，孟献子曰：“畜马乘，不察于鸡豚；伐冰之家，不畜牛羊；百乘之家，不畜聚敛之臣。与其有聚敛之臣，宁有盗臣。”有四匹马拉一辆车的士大夫之家，不须再去养鸡养猪；祭祀用冰的卿大夫家，就不要再去养牛养羊；拥有一百辆兵车的诸侯之家，就不要去养搜刮民财的家臣。与其有搜刮民财的家臣，不如有偷盗东西的家臣。

豕 shǐ

肥胖的猪。

= 豕

彘 zhì

大的猪。

= 彘

甲骨文“旦”字与氏族名的关系

图3-54所示的这件陶器或被称为“尊”，一般认为是盛装酒的祭器，这一点实在值得商榷。这件陶器的容量非常大，不是少数人能在短期内饮用完毕的。如果盛装的是酒，一般都会为了防止酒味跑掉而制作成小口的形状，但此陶器制作成大口。由于这件陶器的底部是尖的，无法自己站立，所以下部应该是被埋在土中，不会轻易被移动，恰如甲骨文“奠”字  表现出来的样子：埋置一个尖底器的下部于土地中。盛装在这个器物里的东西比较可能是饮用水，安置在公众的场所，甚至工作场地或狩猎场也可作为水的供应站，让众人都能使用。

四千年前陶器上的族徽文字

图3-54

刻符大口尖底灰陶缸，高60厘米，山东莒县出土。大汶口文化，约公元前2900～前2300年

图3-55

刻画“旦”字纹的大口尖底陶尊，高59.5厘米，口径30厘米，山东莒县出土，中国国家博物馆藏。大汶口文化，约公元前2900～前2300年

图3-56

觚形彩陶杯，高18.5厘米，口径12厘米，底径5.1厘米，山东泰安大汶口出土，公元前2900～前2300年

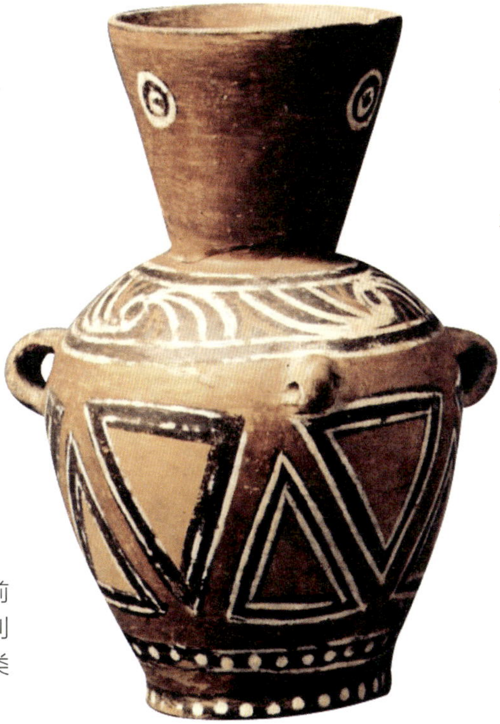

图3-57

彩绘细泥红陶三系背壶，高17.4厘米，口径30厘米，泰安大汶口出土，公元前2900～前2300年。腹部一面扁平以利背负，功能类似于仰韶、庙底沟文化类型的尖底瓶

图3-58
高足镂孔细泥黑陶杯，高19.2厘米，足高9.3厘米，厚1.2厘米，大汶口文化末期，公元前2500年

图3-59
彩绘叶纹陶漏缸，高41厘米，口径30厘米，泰安大汶口出土，公元前2900～前2300年

像这一类的大口缸，往往在靠近口沿的外壁刻画一个符号。这件陶器上面刻画的是“有长羽毛”一类装饰物的“帽子”，很可能就是“皇”字的早期字形，人们认为这类羽冠非常美丽，所以“皇”字有

图3-60
彩绘陶纺轮，屈家岭文化，公元前1000~前600年，1979年天门邹家湾遗址出土

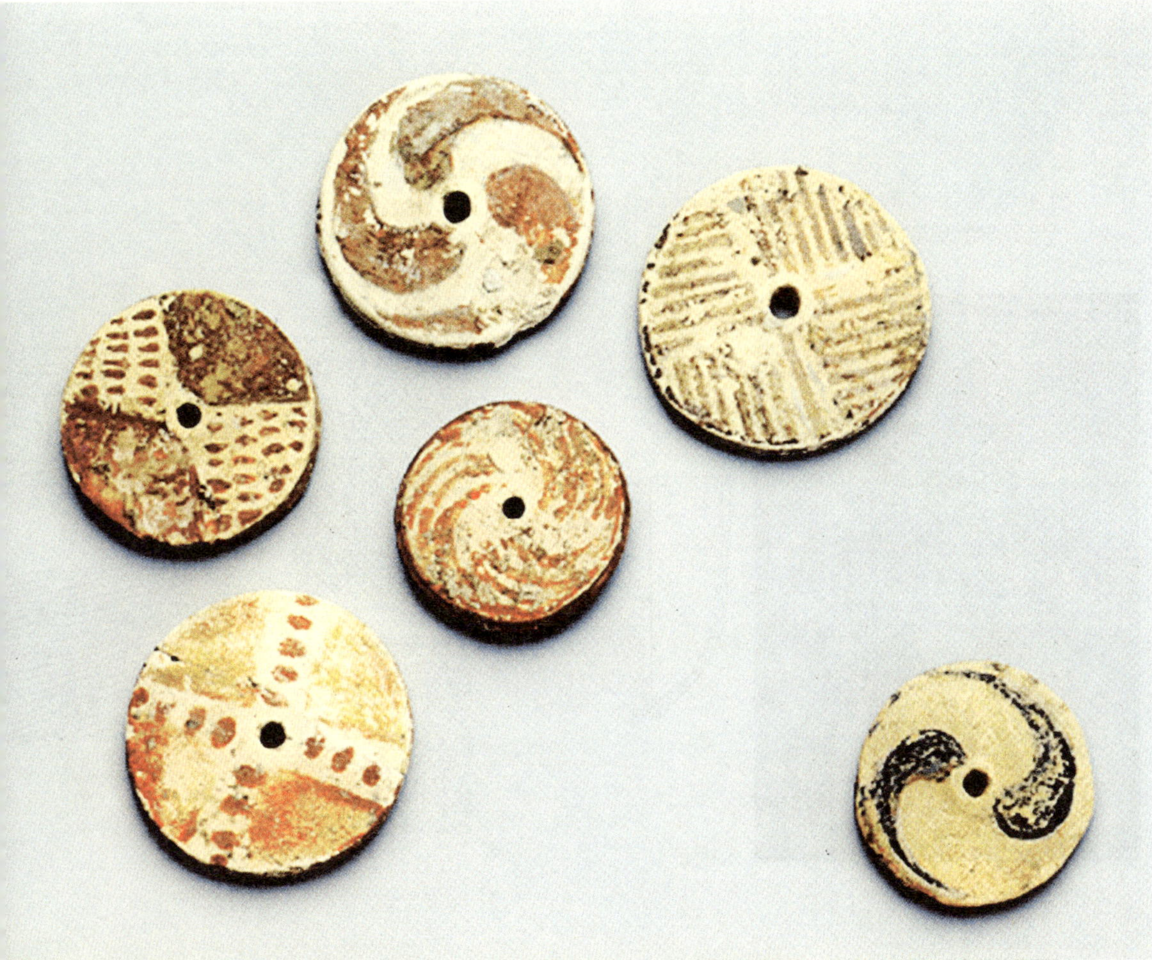

“辉煌”的含义。其他还有四种符号，它们的形象都是可以辨识的，例如直柄石斧、石锛等。它们与甲骨文、金文的字形有一脉相承的关系，都采用线条和轮廓的手法，描绘物体的具体形象，不同于“不具形象的记号”。

图3-61

山东莒县出土陶器上的刻画符号。

“旦”字的早期字形

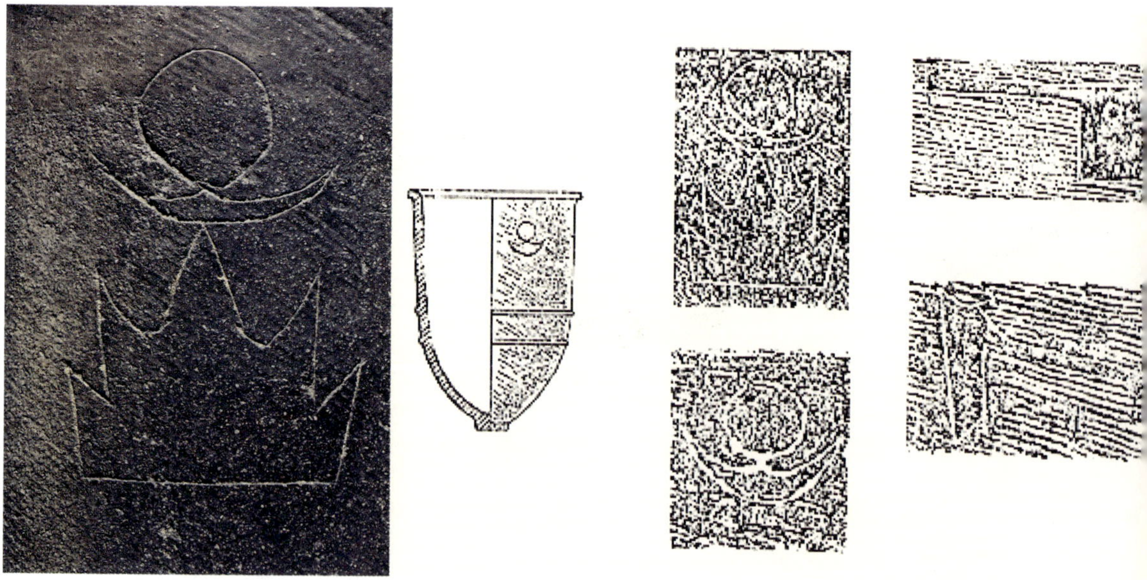

在一些商末周初的铜器上，往往铸有比甲骨文字形看起来更原始、更接近图像的文字即所谓的“族徽文字”。学者们一般相信，它们比日常使用的文字，保存了更为古老的传统。

最令人注意的是其中的一个字形，以日、云、山三个构件所组成，它可能是“旦”字的早期字形，象征太阳上升到有云的山上。商代甲骨文“旦”字：太阳脱离海平面，一大清早时候的景象。造字时的创意稍有不同，可能对于划分一天时间的方式也稍有不同。古人多居住在山丘水涯，每每以所居的山丘或河流自名其氏族，以表示他们居住的自然环境，如吾丘氏、梁丘氏等。此记号可以分析为“从山旦声”，它用来表示居住于山区的“旦族”。以象形的符号作为氏族名字或人名，就与随意、即兴的刻画图像截然不同，具有十分不一样的意义。

当某个图形被选择为特定部族或个人的代表图像时，所有熟悉该部族或个人的人们，就比较可能通过这个环节，牢牢把这个图形与同一读音、同一意义结合起来；这样形、音、义三者的密切结合，就具备了文字的基本条件。所以把图形符号作为氏族名来使用，往往是有定法的文字体系产生的一个重要途径。

从造字法的观点来看，这个图形由多个图像组合而成，显然已经不是原始的象形字，应该是表达抽象意义的“会意字”，甚至是最进步的标出读音的“形声字”了。世界各个古老文化，无论在文字的创造、应用的方法上，还是在发展的途径上，都有一致的规律；都是先标出记录内容的主要语词，然后才发展成有文法的完整语句。初期的文字以代表具体事物的“表形期”为主，逐渐进入指示概念、诉诸思考的“表义期”，最后才是以音标表达意义的“表音期”。所以有不少学者认为这些大汶口文化的符号可以视为中国文字的开始，也就是说，在4000多年前，中国已有文字的体系。

奠
diàn
=
奠

埋置一个尖底器的下部于土地中。

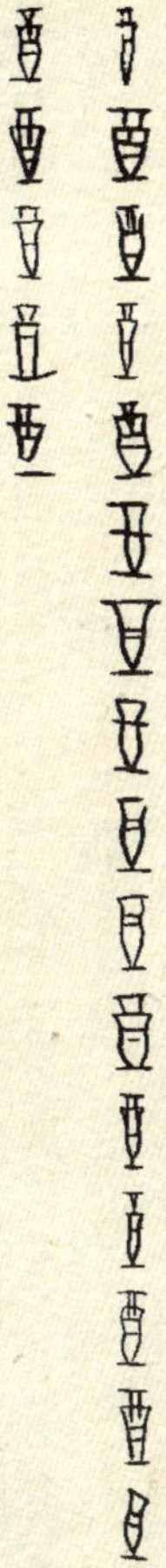

皇
huáng
=
皇

装饰孔雀羽毛的美丽帽子形，用于舞蹈的时候。形容词。

旦
dàn
=
旦

太阳即将跳出海面的早晨景象。

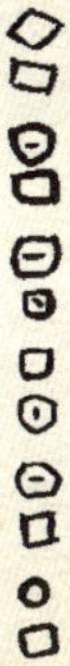

陶鬶的发明，有饮水消毒的卫生概念

图3-62所示的这个器形怪异的陶器，学者名之为鬶（guī），特点是从器身或颈部延伸出一个长而大的流口，有两前一后的袋足，一个连接器身与后足的把手。这件陶器的把手像是扭曲一条多股的绳子而成，腹部装饰捏塑的波浪纹及乳丁。原料为高岭土，经过1200摄氏度左右的高温烧成，坚硬而色白。

流口是为了方便把液态的东西倒入某处，这种设计早就出现在距今6000多年前的仰韶文化中，但当时流口都是设计成横向的，不像图3-62的这一类陶器，流口是从器物的颈部向上延伸出来。这类器物没有防止酒味走掉的盖子，因此推测应是盛水的器物。袋足的设计是为了扩大受热的面积，节省烧火时的薪柴费用。这个器物发明的时代肯定比实体的袋足设计晚很多，似乎要到了龙山文化时期才出现。袋足

可节省燃料的陶鬶

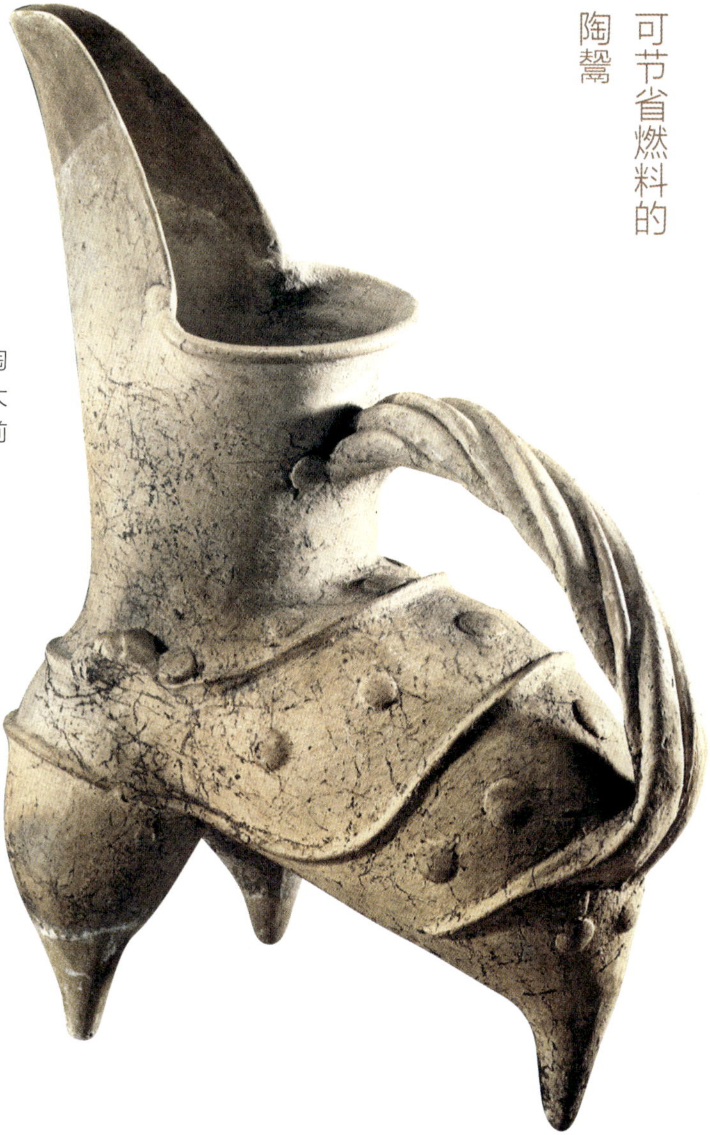

图3-62

高颈曲绳把空足白陶鬶。高26.2厘米，大汶口类型，公元前2900~前2300年

图3-63

高颈曲把空足白陶鬶，高26.2厘米，大汶口类型，约公元前2900~前2300年

的设计起初是为了煮饭的功能，称之为“鬲”，是自“鼎”分化出来的器物，“鬲”的足中虚（空心），而“鼎”的足为实体“实心”。

烧煮菜羹时，必须不时以匕勺搅动，才能预防肉、菜沉入底部烧焦。因此若做菜的器具有虚空的足，就会妨害到搅拌的动作，无法用匕勺搅拌烹煮中的食材；但用这种器具来煮饭则无妨，因为煮饭不必时时搅拌。“鬲”也可以用来烧水，所以当时的人们就渐渐缩小鬲的口部，因而有了明显的器身与颈部的区别。另一方面，为了方便倾倒，于是就延伸口部，设计成一个流口，逐渐制作成像图3-62这件陶器的长直筒形式。基本上，这种长直筒式颈部的鬶是属于沿海地区的产品。

古时候的人们一向生饮井河里的水，为何5000年前龙山文化的人们会需要用火来烧水呢？似乎除了卫生的原因，没办法想出更合适的理由。水烧开之后，可以杀死生水中的微生物，降低疾病发生的可能性，这是今日人人都晓得的道理；但在古代，这应该是一种革命性的新观念。这种陶鬶普遍出现在这个时代的遗址，说明当时人们已普遍用陶鬶来烧煮开水，已经有对饮水进行消毒的概念。不但如此，它还表明当时人们有预防疾病发生的知识（也有可能用温水洗澡，或者也可能是因为水源受到污染，而需要消毒）。

很多动物有与生俱来的本能，知道食用某些东西可以治疗创伤；远古的人们也有这种本能，懂得某些外伤的治疗方式，也已经有使用药物去敷治外伤的能力。比如，在菲律宾丛林里，有过着旧石器生活的山洞野人，他们没有神灵的观念，生病时任由病势蔓延，除了辗转呻吟，依靠体内自身的防疫本能以外，并不知道向鬼神求救。但一旦这些山洞野人被蛇咬到，却知道用某种特定的草药来治疗伤口。常见的外伤易于观察，人们从累积的经验知道某种草药对一些外伤有确定的疗效，因此能够对症下药。如果是内科的病，因为没有明显的发病原因，所以无法对症下药。当一个社会对于内科疾病有了基本的认识，并且能遵循一定的治疗方针时，才可以说这个时代的医学知识已经萌芽了。对饮水进行消毒不属于外科的范围，是一种预防内科疾病的行为，似乎可以就此视为医学知识正在萌芽中。

这种特殊形态的容器，流行时间不到1000年，在公元前2000年以后，就不再见到类似的器物。为何这种陶鬶会消失呢？可能是因为这种陶鬶的口径太大，防止灰尘与保温的效果都比较差，于是人们就把流口封起来，只留下一个小的管流，这种新的器形被称为“盉”。商代早期的“盉”都有大的袋足，但是到了后来，实体的足取代“盉”的空心袋足，这或许是因为原先节省薪柴费用的经济效益不再被重视了，但目前尚无法证实。

食 shí = 食

食器的上面有热气腾腾的食物，并加上了盖子。

鬲 lì = 鬲

三空足的煮食器形。

化身为甲骨文“甗”字的远古蒸锅

图3-64中这种形状的器具叫作“甗”（yǎn），是蒸煮食物的炊具。甲骨文里就有“甗”的象形字。“甗”可以是一件成形的器具，也可以两件套合来使用。把水放进下部的鬲（附有袋足），然后在上部的甑盛放食物，鬲中的水烧滚后成为水蒸气，透过甑底部的孔洞，而把甑中的食物蒸熟。虽然这是一种麻烦且费时的烹饪方法，但开始应用于日常生活的时间并不晚。不过，制成甗器形的设计却是相当晚的事，甗器发明的历史还不到5000年。

人类利用陶器烧煮食物有一连串的过程，很可能最先是以石煮法在陶器中烧食，然后发现陶器有传热的功能，才改良从外头用火烧烤陶器中的水，以煮熟食物。后来又因为某种机缘，发现水沸腾时产生的水蒸气也有烧熟食物的功能，加上这种方式所烧出来的食物，与传统水煮的滋味不一样，因此讲究美食的人就开始了甑类陶器的制作。

“甑”用来称呼底部有孔洞的容器，距今7000多年前就曾偶尔出现“底部有孔洞的陶器”，虽然它比较可能是拿来过滤液态的东西，但也不排除可以用来蒸煮食物。

初期的甑可能没有固定的形制，也没有与之配套使用（上面盛物，下面盛水）用来盛水的烧煮容器。人们在有需要时，才临时选用一件配套的器皿。初期蒸煮的食物可能以谷类为主，后来也会选用菜蔬和鱼肉等食材。利用这种烹饪方式做米饭时，熟后的饭粒不黏，味甘适口。但用蒸汽来做饭比较费事，而且饭的颗粒不能饱吸水分，要食用比较多的量，才能填饱肚子。对于一般人来说，蒸米饭是不经济的烹饪方法，而且使用这种方法时，还要在底部放置一块布。这块布用来防止细小的谷粒掉到下面盛水的容器里，而布的小孔隙不妨碍蒸汽的通过，即使放了这块布，仍然可以蒸熟上面的食物。人们可能嫌弃这种蒸食法太过麻烦，因而早期并不常使用甑；到了商代，才渐渐使用甗，一直要到东周时期，蒸煮才成为重要的烧饭方法。从蒸食器具的使用，也许可以推论在7000年前已有纺织的布料。

图3-64这一件陶甗是一体成型的，在制作时，要分别捏塑各个部分，然后再套合完成。两件式的甗，下部的容器有开口，上部的容器则是底部有细孔（蒸汽上升，通过细孔后蒸熟食物）。由于陶器在烧造时会收缩，要分别烧成上下两件，并使套合处非常密合，这是有难度的工艺。使用这种两件式的陶甗时，可能还要在套合处绕上一块湿布，才能防止

蒸煮用的炊具

图3-64

压印纹灰陶甗，蒸煮用炊具。高50厘米，河南淮阳出土，公元前2500年

图3-65
四足铜甗，高105厘米，
江西新干出土，晚商，
公元前14～前11世纪

漏气。所以最好把上下两部分连成一体后，再拿去烧造，使用时才不会有漏气的顾虑。

一体式的甗，因为下面盛水的部分也需要清洗，就不能制作成上下容器不相通的区隔设计。因此上半部不能采取有底的设计，而是必须制作成透空的容器，然后另外制作一件有透孔的“箅”，使用的时候，把“箅”隔在中间，以置放食物。分析图3-64这一件陶甗的制作方式：手工分别捏塑底部和上部两件容器；而且从器形不太规整的轮廓可得知，当时没有使用转轮去塑造器具的外形；在两件容器接合的地方，用水抹平，又用绳子在表面压印花纹之后，才送进窑里，以还原焰烧成，而完成了这件灰陶甗。

甗 yǎn = 甗

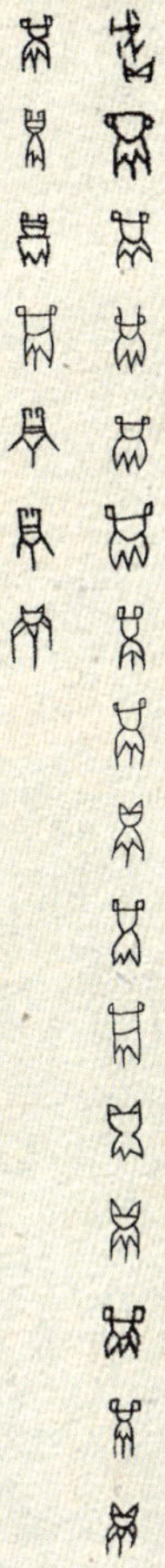

蒸煮食物的炊具。

到了商代，也有用青铜去铸造甗的，也一样有一件式和两件式的分别。一件式的甗由于使用的型范较多，套合型范时的程序也比较复杂，需要更为纯熟的技巧。像图3-65这一件晚商作品，鬲的部分制作成四足，使用的范块更多，而且需要更高超的技术；上下两部分的四角都装饰着商代晚期才发展的“脊棱”；左右两个立耳之上，也附加了动物的立雕。可以看出设计者讲求尽善尽美的用心，是一件很杰出的作品。

高阶层的人葬仪用的黑陶杯

图3-66这件陶器的外表乌黑光亮，制作非常讲究，原料是经过多次过滤筛选的细泥，一点杂质也没有。制作的时候，一般是在快轮（转速快的轮盘）上成型，所以形状非常规整，在盘口和足上常留下细密的旋转痕迹。在陶坯还湿润时，用鹅卵石摩擦表面，所以散发亮光，为一般陶器所没有的外观。在陶坯干燥且形状固定之后，又常刮削表面，使器体变得轻薄。盘口的厚度一般只有0.05厘米或是更薄，像这一件陶器，厚度甚至只有0.02厘米，所以被誉为蛋壳陶。握柄及足部因为要承受上面的重量，所以要制作得厚一些，但厚度也不过才0.1～0.2厘米而已，因此重量非常轻，像这件20厘米高的器物，

墓葬中发掘的高级黑陶杯

图3-66

高足镂孔磨光细泥黑陶杯，高20.7厘米，口径9.4厘米，山东日照出土，现藏山东博物馆，山东龙山文化类型，约公元前2500～前2000年大致才重40克而已。

制作这种陶器时，在高温还原焰烧烤的后期，必须让窑里头缺少氧气而产生黑烟，使陶器吸收碳素而变成黑色。这种黑色硬陶的制作如此费工，一般只在大型墓葬中出现，可以说是专属于高阶层贵族的用具。

高足杯是山东龙山文化典型的高级产品。在饮酒普及以前，不曾出现过这种高足杯的形状，学者一致认为这一定是为了饮酒而设计的酒杯。高足杯的制作常分成四个部分：盘口、杯体、器柄和圈足。都不是一次成型，而是分段塑型后，再黏合起来的。有时会烧成可以套合起来的两件式器具：柄与足一件，口与体一件；有时整体烧成一件器具。大概是为了兼顾美观与减轻重量，器的柄部都制作成空心的，而且经常镂刻上透空的孔洞。在黏合的时候，如果尺寸稍有不合，就会破坏美观而成为次级品了。

图3-66这件陶杯是山东龙山文化的代表文物。龙山文化的得名缘由是因为遗址是在山东省章丘市龙山镇城子崖发现的。因为初次发现这一类的黑陶器，所以初始命名为“黑陶文化”。一般认为：“黑陶文化”与西部的仰韶文化发展的彩陶对立，“黑陶文化”是属于东部的文化。随着越来越多的遗址被发掘后，知道文化系统与来源都不是单一的，于是以龙山文化作为公元前3000 ~ 2000年之间整个华北地区的文化通称，再细分成典型的山东龙山文化，以及由仰韶文化发展而来的庙底沟二期文化、河南龙山文化、陕西龙山文化、山西陶寺等五个类型。

图3-67

黑陶尖口杯，高16厘米，
河南王城岗出土，公元前
2000年

图3-68

黑陶曲把杯，高9.2厘米，
河南龙山类型，公元前
2000年

图3-69

红陶盖鼎，高12.2厘米，朱封出土，
山东龙山类型，公元前2000年

图3-70

瓜棱形灰陶杯，高13.9厘米，郑州出土，河南龙山文化，公元前2600～前2000年。依据器口的形状，应该有盖子

图3-71

四系弦纹黑陶罍，高25厘米，朱封出土，山东龙山类型，公元前2000年

图3-72

磨光黑陶盒、双耳杯、单耳杯，胶州市三里河出土，山东龙山类型，公元前2500～前2000年。陶色十分纯正，可能用渗碳工艺制作

山东龙山文化上承大汶口文化，年代约在公元前2500 ～前2000年。陶器普遍使用快轮成型，所以容器形状大多规整，又以有支脚的器型居多。龙山文化的人们在地面上夯筑土台式的房屋，而且这种房屋能并列成排，可算是密集的小区。

图3-73

泥质磨光黑陶鼎，腹饰乳钉弦纹，高15厘米，山东龙山类型，公元前2000年。鼎为烹饪器，一般使用夹砂制作。从器足尚显露红色，推测先以氧化焰烧，器身以短时间还原焰烧制。推测可能以热的器身埋在稻壳中制成，足未被闷烧，所以成为红色

图3-74

压印弦纹泥质磨光黑陶双耳杯，高12.5厘米，山东龙山类型，公元前2000年。底部像圈足，实际是平底

至于埋葬，以单人仰身直肢为主要方式，不但有棺木，还有木椁或石椁。随葬品也有明显的质与量的差别。工具大都为农具，渔猎的用具不多。铜锌共生矿丰富，用简单的方法就可以提炼出黄铜，也出土了黄铜制的锥形器物，所以有学者认为：中国的金属冶铸术可能不经由还原红铜的阶段，直接就以铜合金的青铜或黄铜原料铸造器物。

龙山文化时代已进入区分阶级的时代，有些人不从事生产，完全依靠别人的劳动成果过活。为了标榜他们的身份，还针对衣饰和生活用器，作了特殊的规范和形制，高足磨光黑陶杯就是其中之一。这种黑陶杯的发现数量不多，常在墓葬中单独放置，搁置在头部、脚部或上肢的一侧，不与其他陶器混杂在一起，所以可能不是日常的生活用具，而是施行礼仪时的特殊用具。

葬
zàng
＝
葬

一个人躺卧在棺内的床上。

同场加映

肆　同场加映

从木屐的出土，推测发明鞋子的由来

涂朱漆碗：『漆』字中的采漆法

中山国王充满艺术之美的磨光黑陶尊

从木屐的出土，推测发明鞋子的由来

图4-1所示是一双木屐中左脚的那一只，略依左脚的外廓制作，右上端比左上端稍微高一些。上头钻有五个圆洞，排列是上一、中二、下二。屐底的中部和下部的穿孔部分还挖了横槽，以便相贯通，除了有便于穿绳系缚的作用之外，也使绳索卡在槽内，减少磨损并保持底

图4-1

通长21.2厘米，头宽8.4厘米，跟宽7.4厘米，浙江宁波出土，宁波市江北区文物管理所藏。良渚文化，公元前3300～前2200年

反面

正面

部的平稳。从穿孔以及横槽的位置来看，上端洞的穿绳与中间两洞的横穿绳相联系，以便套住脚背。穿着的时候，大拇趾和第二趾夹住穿过的绳子，有点像现在的人字拖。下两洞的横向绳子则是套住脚后跟，应该还与中间的穿绳作纵向的联系，才能便于使用。日常穿着时，脚后跟不需要套住，而这件木屐既有套住脚后跟的设计，必然有使用上的必要性。

木屐出土的遗址位于湖边，木屐的使用可能与“在水里工作”有关。湖边浅水区的淤泥中常暗藏尖锐的贝壳破片或荆棘尖刺，人们常在那儿捡拾水生物，作为三餐食用，如果赤足下水，很可能会受到伤害，所以有必要穿上“垫足”的物品，而且这个垫在足下的东西也必须紧紧地和脚套合在一起，才能在水中行动自如。至于材料，则以木头最为方便和耐用。

很多事物是顺应工作上的需要而发明的，而这个木屐的制作目的是“保护脚不受到伤害”，似乎也可以此类推：鞋子是为了工作的需要而创造出来的。不过，人和其他动物一样，一双脚本来就是为走路而生，皮肤自然而然中会硬化，而且除非在特别恶劣的环境中，不会轻易被路上的石块所割伤。

但是人类赤脚走路已经有几百万年的历史，不会突然为了“保护双足”的目的而兴起穿鞋的念头。鞋子还有另一个功能：保持脚的干净；很可能人们为了工作上的需要，必须保持双脚的干净，这才是使用鞋子的真正用意。

鞋子在古代称为履。《释名》有："履，礼也。饰足所以为礼也。"可能说中了穿鞋子的真正原因。"履"字的西周字形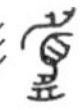，描画一个人脚上穿着"一只如舟形的鞋子"；鞋子的形状和舟船很像，如果简单画个鞋子的形象，就会与舟字混淆，所以加上"人穿着"的样子，以突显穿上鞋子的意义。但是在描画"履"字中的人时，却特别强调了这个人的眉毛与眼睛的细节；鞋子穿在脚下，与高高在上的眼睛根本扯不上关系，创造文字的人却不嫌麻烦，非得把头部的特征给描画出来，就是为了表现穿鞋子的人的身份。

早期的文字中，若特别画出人的颜面细节，都是因为他们属于贵族的身份。例如，巫祝在古代也属于贵族的行列，主持礼仪是他们的职务，最有需要踏进庙堂庄严圣地的也是他们，因此他们是最有可能率先穿上鞋子的人，其次才是有机会参与礼仪的贵族。在古代，能参与礼仪是士君子们才拥有的资格，所以穿用鞋子的人也一定是有地位的贵族。到了后来，才发展成人人皆可穿用的东西。

推测鞋子演进的历程，大概可假设如下：保持庙堂里干净的环境是很多社会都有的习惯，很可能古代在进入庙堂之前，有先洗去足上污秽以免侮慢神灵的习俗。临时洗脚恐怕会有点仓促，而且洗脚的器具也会占用场地空间，扰乱肃穆的气氛，所以为了方便起见，就事先以皮革包裹已经洗干净的脚，临到行礼时才取下皮块，以保持双脚的干净。为了行礼时避免污秽神圣的庙堂是新的情况，需要新的应变措施，才有以皮革包裹脚的动机。此临时派上用场的皮革在日后就慢慢发展成为缝制的鞋子了。

履 lǚ = 履

一只如舟形的鞋子。

涂朱漆碗：“漆”字中的采漆法

图4-2所示这件木碗为木胎所挖制，口径与圈足都不是很圆，器壁较一般的日用容器厚很多，口沿及器壁都残坏得甚为厉害，可能出土后又因新环境湿度的变化而导致变形。这件虽不是精致的工艺品，但器壁外面涂了一薄层微见光泽的朱红色涂料，经过光谱分析检验，与马王堆汉墓出土漆皮的裂解光谱图相似，结合化学分析，可以证实为天然漆。它算是中国最早期的漆器成品之一，所以意义重大。上海青浦一个距今5500年以上的遗址，也发现一个彩绘黑皮陶豆。这些遗址都在适宜漆树生长的潮湿地区，应可认定这些漆器都是被刻意制作出来的。

图4-2

高5.7厘米，口径9.2～`10.6厘米，底径7.2～7.6厘米，余姚河姆渡三文化层出土，浙江省博物馆，约公元前3500年

中国传说漆器始于4500年前，《韩非子·十过》说：“尧禅天下，虞舜受之。作为食器，斩山木而财之，削锯修之迹，流漆墨其上，输之于宫，以为食器。诸侯以为益侈，国之不服者十三。舜禅天下而传之于禹，禹作为祭器，墨染其外，而朱画其内。”论点一点也不夸张，甚至对年代的判定还有点保守。

战国时代的“漆”字是一株树的外皮被割破而汁液流出的样子。现在采漆还是使用类似的方法，是以刀割破树皮，插上管子让汁液顺流入桶中。自然漆采取自漆科木本植物的树干，其主要成分是漆醇，经过脱水加工提炼后成为深色的黏稠状液体。这种浓液涂上器物表面以后，等到溶剂蒸发即成为薄膜。空气越潮湿则漆层越容易凝固。凝固后具有高度抗热和抗酸力。经过打磨后更能映照出鉴人的光亮。它于干燥后呈黑色，如果于溶液里加上丹朱则成红色。如果调和其他矿物或植物的染料和油，更能调出各种浓淡的色彩。春秋时代已发展到有鲜红、暗红、淡黄、黄、褐、绿、白、金等诸多色彩。

商代的漆器已颇鲜艳，有时也涂漆于木器以外的陶器、皮革、金属等不必加以保护的器物。后来又涂于苎麻布之外，成品轻盈鲜艳，为铜器所望尘莫及。想见古人用漆，最初是借重其光泽，后来才发现其薄膜有增加木器耐用的性能，因此才大量施用于木器。所以漆业的发展与木器业有密切的关系。而木器业又与其制造工具的材料有绝对的关系。木材大半粗素而无纹，或纹路不明显，不加漆涂就显不出其令人喜爱的色彩和光泽。人们之所以看重木器，主要还是借重于漆的色泽。

早期的漆器出土很少。可能是因为漆主要施用于木器，难于长期保存于地下，或漆层太单薄，容易脱褪不显。也可能是商代以前木工的工具是石制或铜铸，制作木器费时，连带使用漆料也不多。到了铁器大量使用的春秋战国时代，才大量出土种类繁多的漆木器，举凡餐具、家具、武器、乐器、墓葬、日常用具，应有尽有。应该是由于地下埋藏环境的关系，古代漆器几乎都出土于楚地，经过两千多年的埋藏，出土时大多还是鲜艳如新。

中山国王充满艺术之美的磨光黑陶尊

图4-3所示这件黑陶尊的器身部分与一般日常用器同样呈现直口的圆球状，但整个造型显然是模仿鸭子。这种特殊的造型不常见，堪称是一件设计新颖的杰出艺术作品。以鸭头的口作为流口，以铲状尾部作为柄，壶身下加两只扁蹼足，虽然外形朴拙得像一只没有丰满羽毛、蹒跚步行的鸭子，却憨态可掬。这件精美的容器应该是为了盛装酒使用的，而非装水。装酒容器一般名之为尊，尤其是以鸟兽为造型的，所以美术书籍大都以“尊”称呼这件文物。晚期有流口的酒器大都称为壶，这件容器有明显的流口，所以也可以称之为壶。

图4-3
通高28厘米，最大径36.2厘米，河北平山中山王墓出土，河北省文物研究所藏。公元前4世纪

磨光黑陶的制作非常费工夫，在四五千年前山东龙山文化的时代，多见于大、中型的墓葬，精制的更是少数高级贵族的特权。但在4000年前青铜礼器开始铸造后，精致的磨光黑陶的烧造就式微了，没想到隔了1000多年后，在公元前4世纪的中山王墓陪葬品中，竟发现五件这类的精美作品。

这件鸭形的黑陶尊不但漆黑光亮，还嵌镶线条精细的白色图案。肩上装饰着内填横线的卷云纹，或是变形的兽纹，下部装饰头尾相反的几何形纹，壶嘴有相背的圈纹。在战国时代，青铜器物已不是最高贵的东西了，取而代之的是轻盈光亮的漆器。漆器最常见的颜色是红与黑，看来这五件黑陶有可能是仿效错金、错银的漆器作品了。

中山在春秋战国时代始终是个小国家，其习俗与中原诸国有点差异。领土甚至还可能有过迁移，战国时坐落在太行山东麓，在现在的河北省石家庄市附近，地势西高东低，有山陵、平原与河流。由于国土小、国力弱，参与国家间政治活动少，史籍很少记载中山国的事迹。赵国的军队作为主力，费了五年的时间，与齐、燕合力于公元前296年消灭了中山国。

战国时代晚期的中山国虽是个小国，国力不能与其他的七国比拟，但是王陵修建得非常壮观与豪奢。随葬物品非常多，不计车马、兵器、棺椁、建筑等的铜零件，铜器有249件，玉器681件，石器88件，玻璃器15件，以及骨、角、木、陶、铁器等，甚至还有较少见的几十匹马与马车坑、船坑，等等。王陵还出土一件长方形的兆域铜版，用金、银丝镶错出陵园的平面图，包括墓葬与享堂的名称与各部分的尺寸，是古代唯一的陵园蓝图。推算后，1步为5尺，1尺为22厘米，可算是古代建筑与度量衡制的重要文件。

中山王和臣下们绝对不是因为没有财力购置漆器，才以价格较廉的仿漆器随葬。中山王的墓中，从所见的铜构件可以肯定当时也随葬了很多漆木器具，只是都腐烂掉了。在一个应该不是很富裕的国家，为墓葬花费不可赀计的钱财，这个国王绝不能被称为贤君。但为了创造特别的美术效果，才委请工匠烧造了这五件陶艺史上非常杰出的、永久被记忆的另类作品，所以不妨把中山王看作是一位喜好艺术的雅士。

图4-4
变形兽纹磨光黑陶鼎，通高41.1厘米，最大径38.5厘米，模仿铜鼎，河北中山王墓出土，公元前4世纪。河北省文物研究所藏

图录

磨制石斧：“父”亲的假借字

p.009
磨制石斧，长14.9厘米，加拿大安大略博物馆收藏。青莲岗类型，约公元前3300～前2500年

p.010
石钺，高17厘米，宽16.7～19.3厘米，厚0.7厘米，孔径6.4厘米，良渚文化，公元前3300~前2000年，浙江海宁出土，浙江省文物考古研究所藏。青灰色泥岩，形制规整，体大而薄，穿孔两端留有条状朱砂痕，为捆缚于木柄的遗痕

p.011
半磨制石斧，长10.7厘米，赤峰兴隆洼出土，公元前6200～前5400年

p.011
双孔石刀，长9.5厘米，西周，公元前11～前8世纪。穿绳而套在手上使用的收割工具

p.012
各式磨制石斧，长8～20厘米，新石器时期至商代，公元前3000～前1000年

石磨盘与石磨棒：象征收获农作物的喜悦

p.017
磨盘长52.5厘米，磨棒长28.5厘米，河南舞阳贾湖出土，约公元前6000～前5500年

石灰岩磨制石磬：战争的预兆

p.021
石灰岩磨制的虎纹石磬，长84厘米，河南安阳出土，中国国家博物馆藏。晚商，公元前14～前11世纪

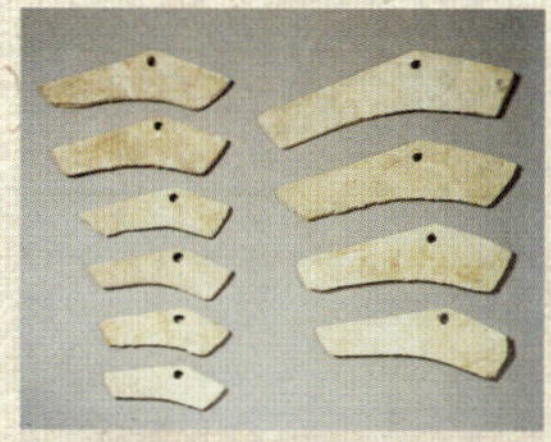

p.022
编磬，大件：鼓37.4厘米，股22.9厘米；小件：鼓19厘米，股10.8厘米。约公元前550年。石质呈灰白色，大小不一，整组为一套成组乐器，共十件。器表面光素无纹，在鼓与股之交角处即倨句，均开一个圆孔，乃悬挂于架上时穿过绳索使用

古人“以示决心”的玉玦

p.029
外径2.8～2.9厘米，目前已发现的中国最早的真玉器。内蒙古赤峰兴隆洼出土，公元前6200～前5400年

玉制的防蚊项圈

p.033
高7.9厘米，红山文化类型，公元前3500～前2200年

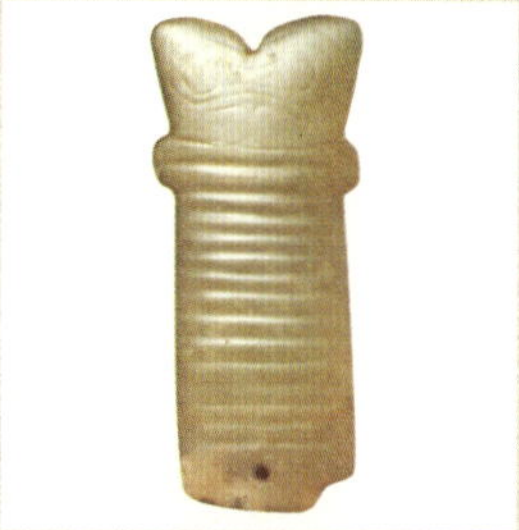

p.033
兽面纹异形黄色玉器，长12.1厘米，辽宁阜新，红山类型，公元前3500～前2200年。下有钻孔，用途不明。造型较之其他红山玉器复杂。辽宁省博物馆藏

p.035
碧绿岫岩玉角龙，高26厘米，内蒙古出土，卷曲如C形，与S形的龙有别。身体正中有一小孔，若悬挂，则头下垂。红山类型，公元前3500～前2200年。内蒙古赤峰市翁牛特旗博物馆藏

鸟身人面的扁鹊起源?

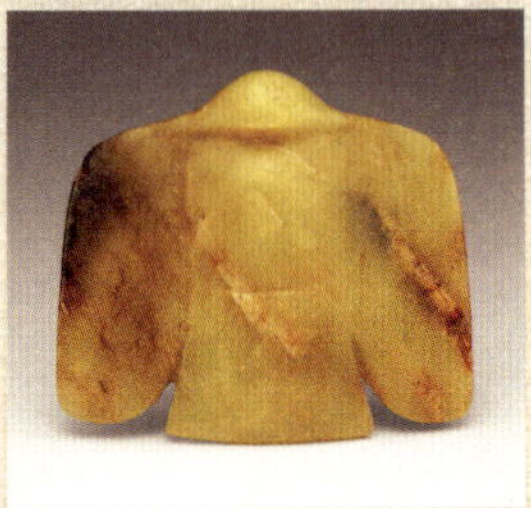

p.039
高5.1厘米，宽5.9厘米，加拿大皇家安大略博物馆藏。红山文化，公元前3000～前2000年

p.040
淡绿玉鸟形佩饰，长4.7厘米，宽4.7厘米，厚0.6厘米，新石器时代，红山文化，公元前3000～前2000年

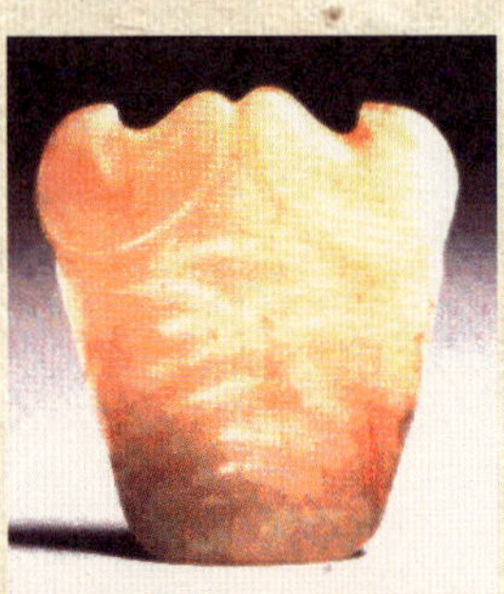

p.041
牛头形淡绿玉佩饰，高5.9厘米，红山类型，公元前3500～前2200年。背面有两对上下对钻式的孔洞，可以穿绳系佩

p.043
钩云形淡绿玉佩饰，长22.5厘米，形态类似而多样化，牛河梁出土，红山类型，公元前3500～前2200年

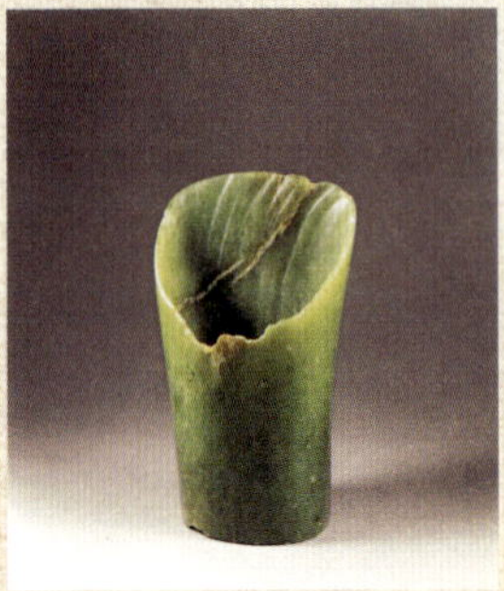

p.043
马蹄形淡绿玉器，高18.6厘米，牛河梁出土，红山类型，公元前3500～前2200年。常出现在邻近头部的位置，下端平整，两侧有小孔，可能是束发器

p.044
镯形玉器，外径8.5厘米，牛河梁出土，红山类型，公元前3500～前2200年

钺：处罚罪人的威权器具

p.047
玉钺高17.9厘米，刃宽16.8厘米，厚0.8厘米。木柄已腐化，全长约80厘米，浙江余杭反山出土，浙江省文物考古研究所藏。良渚文化，公元前5300～前4200年

p.048
刃角两面的对称位置上，各雕琢有图像：上角为神人像和兽面纹组合的神徽，头戴羽冠，四肢俱全；下角为鸟纹。良渚文化中，仅此钺有此装饰，被誉为“钺王”，钺本来是武器，但此玉制的钺质地易断，非实用武器，而是仪仗用品

p.053
高8.8厘米，长宽17.6厘米，孔径4.9厘米，重6500克。浙江余杭出土，良渚文化，约公元前3300～前2200年

头戴羽冠的神人兽面纹：象征灵魂上天

p.055
神人兽面纹

p.055
三节变白玉琮，颜面纹饰稍比上例复杂，反山出土，高10厘米，孔径6.6厘米，公元前3300～前2200年。浙江省文物考古研究所藏

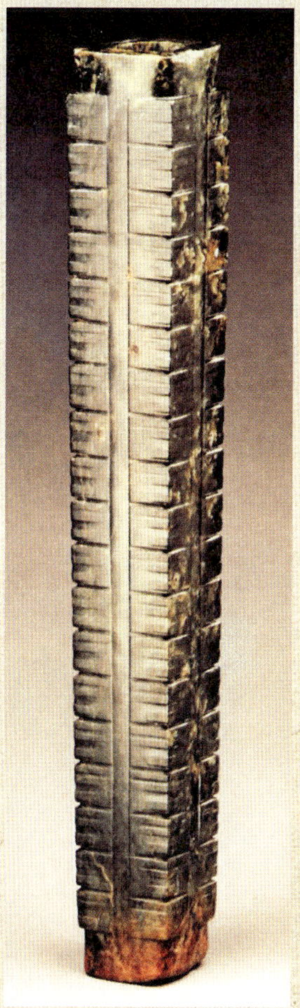

p.055
十九节苍绿玉琮，高49.7厘米，山东出土，大汶口文化，公元前4300～前2500年。刻大汶口“旦”字同形的符号

p.056
六节杂质绿玉琮，高15.7厘米，上长宽7厘米，下长宽6.6厘米，公元前3300～前2200年

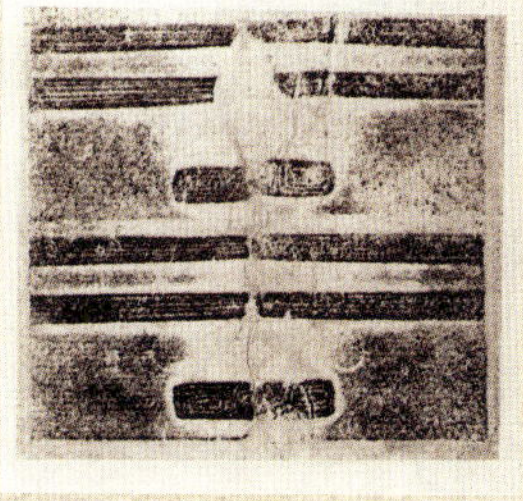

p.056
杂质棕玉琮及花纹的拓本。宽7.9厘米

p.057
三节绿玉琮，不经烧烤，带有混浊与黑纹，纹饰简化如一般式样。良渚类型，高9厘米，公元前3300～前2200年

p.057
单节变白圆玉琮，反山出土，高4.5厘米，公元前3300～前2200年

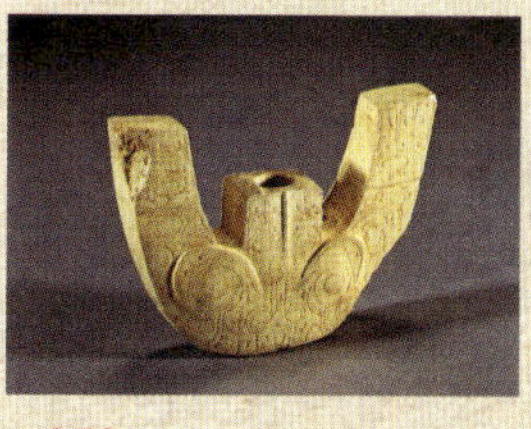

p.058
山形变白玉饰，高5厘米，上有孔洞，可能为插羽毛之用，神兽复合图像即戴有羽冠，到周代尚有戴羽冠玉佩。公元前3300～前2200年

p.058
山形戴羽冠纹变白玉饰，高4.8厘米，宽8.5厘米，瑶山七号墓出土。良渚文化，公元前3300～前2200年

张开双翼的王冠：贵族的象征

p.061
长7.1厘米，浙江余杭反山出土。良渚文化，公元前3300～前2200年

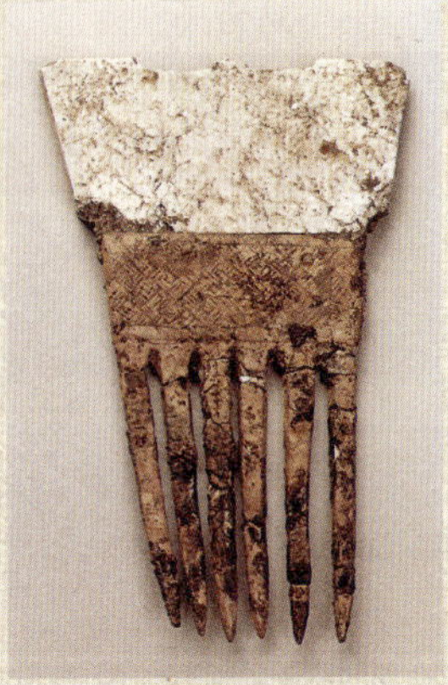

p.062
玉背六齿象牙梳，通高10.5厘米，玉背顶宽6.4厘米，象牙梳顶宽4.7厘米，厚0.6厘米，浙江海盐出土，海盐县博物馆藏。良渚文化，公元前3300～前2200年

贵重的象牙梳：贵族妇女的美丽装饰

p.065
象牙密齿梳，长16.9厘米，西周，约公元前11～前10世纪

p.066
高16.2厘米，宽8厘米，山东泰安出土，中国国家博物馆藏。大汶口文化，公元前4300～前2500年

甲骨文“ ”（陶）字中的制陶工具

p.078
两面刻纹的木陶拍。面长6～7厘米，宽5～6厘米，厚1～2厘米，把长约13厘米。江西鹰潭角山商代窑址出土，商代中到晚期，约公元前15～前11世纪

p.078
袋足陶内模。西安斗门镇出土，陕西龙山文化，公元前2300～前2000年

p.080
套指陶拍，长8.5厘米，西安客省庄出土，陕西龙山文化，公元前2300～前2000年

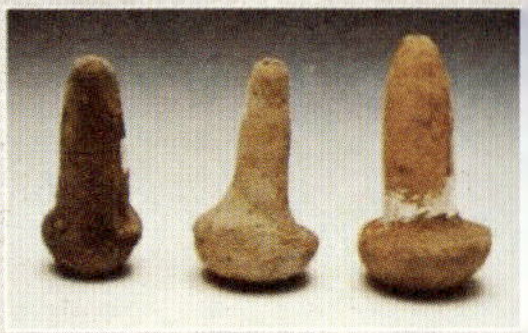

p.080
陶垫，江西鹰潭角山商代窑址出土，商代中到晚期，公元前15～前11世纪。用以垫高陶坯使其不接触地面

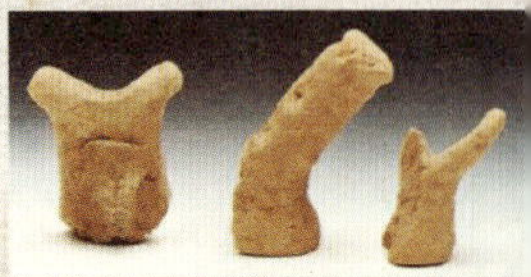

p.080
陶支座，江西鹰潭角山商代窑址出土，商代中到晚期，公元前15～前11世纪。用以垫高陶坯使其不接触地面

可以用来表示“圆”字意义的陶鼎

p.083
三足红陶鼎，裴李岗文化。高14厘米，口径17厘米，河南舞阳贾湖出土。约公元前5800年

p.085
红陶罐，高34.2厘米，口径12.8厘米，河南舞阳贾湖出土，公元前5800年

p.085·
红陶折肩壶，高17.5厘米，口径4.5厘米，河南舞阳贾湖出土，公元前5800年

最早的陶器彩绘

p.089
三足褐红彩红陶钵，李家村文化。口径33.4厘米，陕西华县老官台白家村出土，约公元前5000年

p.093
线刻弯曲纹红陶盂（带三陶支脚）。盂高16.5厘米，支脚高12.5厘米，河北武安磁山出土，磁山文化，约公元前5000年

烧食器的演进

p.094
筒形三足压印纹红陶罐，高40厘米，白家村出土，公元前5000年

p.094
绳纹圈足红陶碗，口径26厘米，陕西渭南市华州区老官台白家村出土，公元前5000年。西部少见的圈足器

与葬仪有关的怪异图案

p.099
红衣黑彩人面鱼纹细泥红陶盆，口径44厘米，高19.3厘米，陕西临潼姜寨出土，半坡类型，约公元前4000年

写实动物纹出现后就进入定居的农业生活

p.103
鱼蛙纹红衣黑彩细泥红陶盆，半坡类型。高12.8厘米，口径30.4厘米，陕西临潼姜寨出土，西安博物馆藏，约公元前4000年

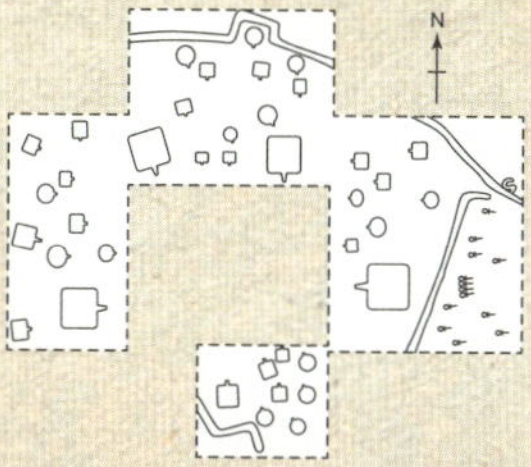

p.104
姜寨的村落布局图

可以装水酒和稻米粒的陶器

p.109
小口尖底双系梳纹彩绘红陶瓶，用于长途运输。高46.2厘米，半坡文化，约公元前4000年

p.110
刻符彩绘红陶钵，口径34.2厘米，姜寨出土，约公元前4000年

p.110
鱼鸟纹彩陶葫芦瓶，高29厘米，姜寨出土，约公元前4000年

p.111
几何纹彩陶壶，高22.6厘米，河南陕县（今三门峡市陕州区）庙底沟出土，约公元前4000年

p.111
三角纹彩陶壶，高10.7厘米，腹径13.3厘米，宝鸡北首岭出土，约公元前4000年。口径非常细小，有可能装酒，一般以为龙山文化时代才普遍饮酒

p.112
指甲掐纹红陶壶，高15.8厘米，腹径13.3厘米，半坡出土，约公元前4000年。

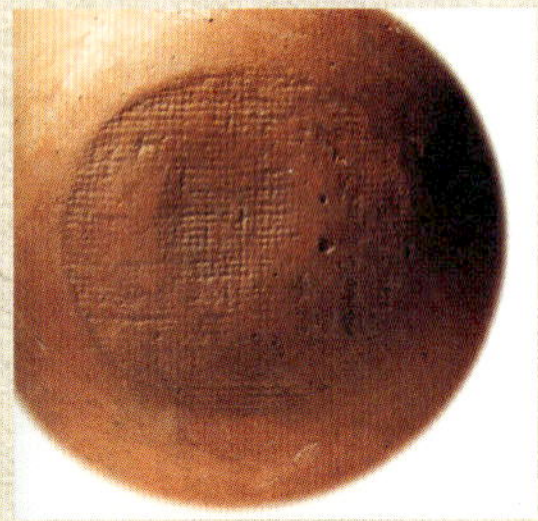

p.112
仰韶陶钵底部布纹印痕。细线径0.04厘米，为织布证据。依《中国史稿：1-66》每平方厘米经纬各十根。距今5000年的钱三漾遗址曾出土经纬线20×20、16×16、30×20根的苎麻布

陶缸上的石斧象征权势

p.117
鹳鸟衔鱼石斧纹白衣褐红、黑两彩夹砂泥质红陶缸。口径32.7厘米，高47厘米，河南临汝出土，公元前4000~前3000年

p.117
人头形红陶壶，高23厘米，河南洛阳出土，公元前4000~前3000年。陕西西安半坡博物馆藏

p.118
陶鸮鼎，高23.3厘米，陕西（渭南市华州区）泉护村出土，庙底沟型，公元前3000年。器形简单而鲜明，艺术手法高超，媲美红山文化的鸟形玉雕饰

架锅烧火的灶

p.122
夹砂红陶釜与灶，釜高10.9厘米，灶高15.8厘米，庙底沟出土，公元前4000～前3000年

p.123
几何纹褐红、黑两彩白衣红陶钵，口径21.5厘米，郑州出土，公元前3000年。河南省郑州博物馆藏

p.123
旋涡纹红、黑两彩陶钵，口径40厘米，泉护村出土，公元前3000年

发型跟工作男女的关系

p.127
人面形器口红衣黑彩细泥红陶平底瓶。高31.8厘米，口径4.5厘米，甘肃秦安出土，约公元前3000年

p.127
人面形口沿圈纹黑彩红陶壶，高22.4厘米，口径5.5厘米，乐都出土，马家窑类型，公元前3000～前2000年。青海省文物考古研究所藏

p.130
彩绘翅羽纹泥质红陶壶，高15厘米，口径10厘米，底径7.5厘米，马家窑类型，约公元前2800年

p.130
黑彩波浪纹红陶壶，高16.4厘米，甘肃兰州出土，马家窑类型，约公元前3000～前2000年

p.130
黑彩绘虫纹红陶瓶，高38厘米，口径7厘米，甘肃甘谷出土，石岭下类型，公元前3300～前2900年

p.131
网纹平行条纹彩陶壶，高26.1厘米，口径10.6厘米，底径8.7厘米，青海同德出土，马家窑类型，约公元前3000～前2000年

p.131
涡纹双耳彩陶罐，高30.8厘米，马家窑类型，公元前3000～前2000年

p.131
波浪纹彩陶豆，高16.4厘米，兰州出土，半山类型，公元前2650～前2350年

p.131
彩绘锯齿旋涡纹双耳泥质红陶壶，高18厘米，口径9厘米，底径7.8厘米，半山类型。公元前2650～前2350年

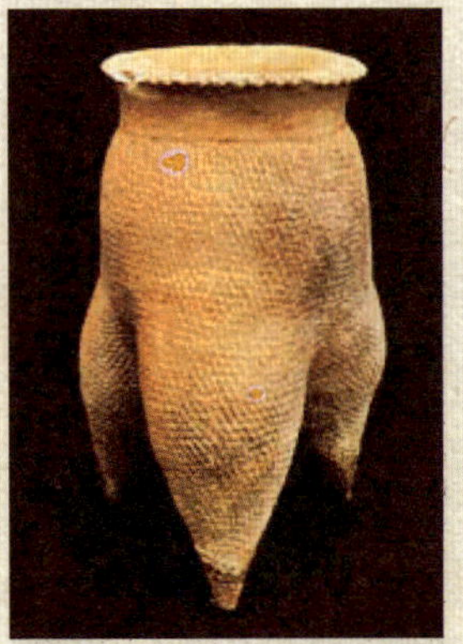

p.132
绳纹泥质红陶鬲，高32厘米，齐家文化，约公元前2000～前1600年

p.132
彩绘旋纹夹砂褐陶壶，高32厘米，口径14.2厘米，底径7.8厘米，辛店文化，约公元前1600～前600年

p.132
彩绘蜥蜴纹双耳黄衣红陶壶，高15厘米，辛店文化，约公元前1600～前600年

p.132
蟠龙纹红彩黑陶盘，口径37厘米，襄汾出土，夏前期，公元前2500～前1900年。口含枝叶，盘曲成圈，鳞甲明显。中国社会科学院考古研究所藏

p.133
红、黑、白彩绘变形鸟纹三足陶罐，通高19.5厘米，口径9.5厘米，腹径15.2厘米，大甸子出土，夏家店下层，公元前2000～前1500年。中国社会科学院考古研究所藏

p.133
彩绘陶壶，高30厘米，赤峰出土，夏家店下层，约公元前2000～前1500年

p.133
彩绘陶鬲，高25厘米，内蒙古赤峰出土，夏家店下层，约公元前2000～前1500年

p.133
压印纹红足陶鬲，高26厘米，内蒙古赤峰出土，夏家店下层，约公元前2000～前1500年

陶器上的涂绘与文化的传承

p.135
白衣褐彩、红衣黑框白彩八角星纹细泥红陶盆，青莲岗文化。口径33.8厘米，高18.5厘米，江苏邳州出土，现藏南京博物院。公元前5000～前4000年

p.135
山东泰安大汶口彩陶豆，约公元前2900～前2300年

p.137
白衣红、黑彩几何形细泥红陶盆，口径18厘米，高10厘米，江苏青莲岗文化，公元前5000年

七千年前的猪有长喙和高脚

p.141
高11.6厘米，口沿长21.2厘米，宽17.2厘米，浙江余姚河姆渡出土。浙江省博物馆藏。公元前5000～前3300年

p.142
陶釜，高22.8厘米，河姆渡文化，公元前5000～前3800年。釜下有灶

p.142
灰胎黑衣磨光贯耳陶壶，高12厘米，良渚文化，公元前33～前23世纪。有些有刻画符号，其中有具形的长柄钺图形

p.143
灰胎黑衣磨光双耳陶尊，高12.3厘米，杭州出土，良渚文化，公元前33～前23世纪

p.143
扁足灰陶鼎，高31.6厘米，浙江吴兴出土，良渚文化，公元前33～前23世纪

四千年前陶器上的族徽文字

p.148
刻符大口尖底灰陶缸，高60厘米，山东莒县出土。大汶口文化，约公元前2900～前2300年

p.148
刻画“旦”字纹的大口尖底陶尊，高59.5厘米，口径30厘米，山东莒县出土，中国国家博物馆藏。大汶口文化，约公元前2900～前2300年

p.149
觚形彩陶杯，高18.5厘米，口径12厘米，底径5.1厘米，山东泰安大汶口出土，公元前2900～前2300年

p.149
彩绘细泥红陶三系背壶，高17.4厘米，口径30厘米，泰安大汶口出土，公元前2900～前2300年。腹部一面扁平以利背负，功能类似于仰韶、庙底沟文化类型的尖底瓶

p.150
高足镂孔细泥黑陶杯，高19.2厘米，足高9.3厘米，厚1.2厘米，大汶口文化末期，公元前2500年

p.150
彩绘叶纹陶漏缸，高41厘米，口径30厘米，泰安大汶口出土，公元前2900～前2300年

p.151
彩绘陶纺轮，屈家岭文化，公元前1000～前600年，1979年天门邹家湾遗址出土

p.152
山东莒县出土陶器上的刻画符号。“旦”字的早期字形

可节省燃料的陶鬶

p.157
高颈曲绳把空足白陶鬶。高26.2厘米，大汶口类型，公元前2900～前2300年

p.157
高颈曲把空足白陶鬶，高26.2厘米，大汶口类型，约公元前2900～前2300年

蒸煮用的炊具

p.163
压印纹灰陶甗，蒸煮用炊具。高50厘米，河南淮阳出土，公元前2500年

p.164
四足铜甗，高105厘米，江西新干出土，晚商，公元前14～前11世纪

墓葬中发掘的
高级黑陶杯

p.167
高足镂孔磨光细泥黑陶杯，高20.7厘米，口径9.4厘米，山东日照出土，现藏山东省博物馆，山东龙山文化类型，约公元前2500～前2000年

p.169
黑陶尖口杯，高16厘米，河南王城岗出土，公元前2000年

p.169
黑陶曲把杯，高9.2厘米，河南龙山类型，公元前2000年

p.170
红陶盖鼎，高12.2厘米，朱封出土，山东龙山类型，公元前2000年

p.171
瓜棱形灰陶杯，高13.9厘米，郑州出土，河南龙山文化，公元前2600～前2000年。依据器口的形状，应该有盖子

p.171
四系弦纹黑陶罍，高25厘米，朱封出土，山东龙山类型，公元前2000年

p.172
磨光黑陶盒、双耳杯、单耳杯，胶州市三里河出土，山东龙山类型，公元前2500～前2000年。陶色十分纯正，可能用渗碳工艺制作

p.173
泥质磨光黑陶鼎，腹饰乳钉弦纹，高15厘米，山东龙山类型，公元前2000年。鼎为烹饪器，一般使用夹砂制作。从器足尚显露红色，推测先以氧化焰烧，器身以短时间还原焰烧制。推测可能以热的器身埋在稻壳中制成，足未被闷烧，所以成为红色

p.173
压印弦纹泥质磨光黑陶双耳杯，高12.5厘米，山东龙山类型，公元前2000年。底部像圈足，实际是平底

p.179
通长21.2厘米，头宽8.4厘米，跟宽7.4厘米，浙江宁波出土，宁波市江北区文物管理所藏。良渚文化，公元前3300～前2200年

p.185
高5.7厘米，口径10.6～9.2厘米，底径7.2～7.6厘米，余姚河姆渡三文化层出土，浙江省博物馆，约公元前3500年

国王的奢侈艺术品

p.189
通高28厘米，最大径36.2厘米，河北平山中山王墓出土，河北省文物研究所藏。公元前4世纪

p.191
变形兽纹磨光黑陶鼎，通高41.1厘米，最大径38.5厘米，模仿铜鼎，河北中山王墓出土，公元前4世纪。河北省文物研究所藏